STOCK

股往金来

轻松玩转股票的17堂公开课

乔治·西门斯◎著　　景芳◎编译

江苏人民出版社

图书在版编目（CIP）数据

股往金来 /（美）西门斯著；景芳编译 . -- 南京：江
苏人民出版社，2015.7
ISBN 978-7-214-16027-0

Ⅰ．①股… Ⅱ．①西… ②景 Ⅲ．①股票投资—
基本知识 Ⅳ．① F830.91

中国版本图书馆 CIP 数据核字（2015）第 136026 号

书　　　名	股往金来
著　　　者	【美】西门斯
译　　　者	景　芳
责 任 编 辑	朱　超
装 帧 设 计	异　一
版 式 设 计	张文艺
出 版 发 行	凤凰出版传媒股份有限公司
	江苏人民出版社
出版社地址	南京市湖南路1号A楼，邮编：210009
出版社网址	http://www.jspph.com
	http://jsrmcbs.tmall.com
经　　　销	凤凰出版传媒股份有限公司
印　　　刷	北京中印联印务有限公司
开　　　本	718 毫米 ×1000 毫米 1/16
印　　　张	16
字　　　数	194 千字
版　　　次	2015 年 9 月第 1 版　2015 年 9 月第 1 次印刷
标 准 书 号	ISBN 978-7-214-16027-0
定　　　价	45.00元

前　言

　　我在写这本书时尝试着使用了这样的方法，先让读者了解基本的理论与实践，随着他们了解程度的加深，我再讲述更深层次的理论。但不管怎样，请一定要相信，每一页都自有其重要的价值。本书所使用的语言简单易懂，富有哲理，其中详细介绍了专业的理论与实践指导。这些知识将为你掌握必要的市场常识打下坚实的基础，只要认真去读，你就会得到实实在在的钞票奖励。

　　首先，一定要耐心读下去，并对你在书中看到的内容充满信心。本书初版于1937年，书名为《七大支柱》，1939年进行了改编。目前这一最新版本不仅囊括了所有旧版的精华部分，而且还浓缩了我在1938～1941年间所有书面讲稿(即学即用交易班)的精彩内容。

　　在本书中，"适者生存"的法则也有所体现，这里加入的内容无非是关于股市战场风云的一些观点，这些观点都经受住了时间的考验。如果你只是刚刚入门，那么这些观点将会为你带来非常实用的帮助。

　　不要指望用最短时间直取本书"肉馅"，也不要故意"跳过"某些章节或书页的内容。在学习市场行情时，千万不要急于求成。当然，从不止一个方面来讲，你都可能是个"奇才"，比如你在市场上已经做过一段时间的交易，你也许读过《七大支柱》、《百条规则》之类的图书，说不定你还是某些即学即用交易班上的一名学生。那么，还是接受我的建议吧，阅读并重读本书的每一页内容。因为，你无法预知哪些内容是能够治疗你病痛或不足的"良方"。或许，你在本书的前20页就能找到这一良方，但你仍需做好准备，留出几个月时间对本书进行认真研习。当你在阅读过程中产生疑问时，重新思考这一页的内容，你在读过三四遍之后就更容易能找到答案。

随　想

　　很少有人会在生活中遇到真正的大麻烦，果真遇到的，他们的大麻烦都会登上报纸头版。既然我们大多数人的私事还不曾出现在报纸头版，那么我们就必须承认，我们其实从来没碰到过什么大难题。无论如何，我们都能够解决那些小麻烦，比如去关注与我们交易相关的细节问题，从而避免在股市交易中赔钱。

　　要记住这条规则：**如果开始正确，结局就不会错。**但若是一开始就出错，那么结局就注定不会好。只要你选对了路，并沿路行走，那么这条路最终会引导你在交易中获利。但你要是遇到了岔路，并走上了错路，那么你就将会远离自己的目标。如果你在上一笔交易中以失败告终，那么你在下一次交易时只有获得双倍的利润才能算获利。

　　只要你能够排除那些小麻烦、小错误，那么无论是在股市还是在人生的各个阶段，你都会取得成功。当心不要让这些小麻烦有机会发展成大麻烦、大错误，所以一开始就要走对路！**如果你犯了一个错误，一定要尽快纠正。**一个错误就像一颗虫牙，迟早都会发病。一颗虫牙会影响到你的整个身体，而一个错误必然也会引发另一个错误的产生。不要让这样的错误滋长聚集，否则后果肯定会十分严重。因此，你在一开始就要采取果断措施，及时纠正错误。

我的目标就是**首先教会你如何不赔钱。如果我能够成功地让你自己进行思考，那么你的利润就会慢慢积累起来**，这就是一个根本的道理。如果你继续经营下去，你一定会获得更多利润，尤其是在你能够跟上这一趋势的时候。

　　但首先你必须充分了解"股市动向"，这样交易起来至少可以实现得失相当，而且你还可以继续用原始资本进行交易。我并不是在鼓吹虚假的奢望，在求知路上是没有捷径可循的。股市有其自身的语言与结构，它会随人们政治及经济视野的不断更新而不停地变化。

　　在读过下面的观点之后，你可能会觉得自己与股市无缘，你可能会觉得这是一项异常艰难的任务，但这一认识本身是很有意义的。**如果你不去"向往"，或者你只想挣"快钱"，那么趁早放弃，留着你的钱，就算是为你自己做一件好事。**然而，作为一个成功的股市顾问，我曾为全世界成千上万的客户解决过难题，我希望我的想法能让你认识到，只有一个方法能让你在交易中获利，那就是让你自己的头脑来决定你的行进路线。

　　在这里，我会努力介绍一些成功交易与投资的常用方法，但这的确是一条艰辛的成功之路。要想投资顺利并在交易中获利，你就应当有能力对当今世界的股市行情及动向做出分析。世界经济是相关联的，认为本国"不受外界影响"这一旧观念已经站不住脚了。美国股市经常会受到国外经济与政治发展趋势的影响，1939至1943年战争期间的情况就最能说明这一点。因此，具有"全球化"视角就是你最大的财富。撇去其他只谈资本，那么你就只会赔钱。

或许，你没读多久就会发现，你的个人性格与虚伪情绪会阻碍你交易的成功。你可能患有"恐惧综合征"，这会阻挠你进行清晰的思考与采取明确的行动。或许，你只是期望得到好的结果，但却不为此去做充分的准备。又或许你是那种"超人"型的，能够在别人都失败时独享"成功"。或许，你的某些性格特征在其他工作中确实对你有所帮助，但在这一领域却很可能是危险的。"认识你自己"这一准则与根据市场走向进行交易同样至关重要、不可或缺。要学会认识自己的优点与缺点，既不要充英雄，也不要当懦夫。问问你自己是否属于那类神经过敏、过度紧张的家伙，只敢盯着不停变动的大盘，却不敢直接参与其中。如果是的话，那么你在一切都还没开始时就已经输了，你的经纪人将会由此而成为唯一的受益人。

　　你是否属于那类只因约翰·史密斯认为股票会上涨就去买进的人？如果是的话，那你还不如把钱拿去资助慈善事业，至少你的钱会用在有益的地方。你买股票时是否有这样的习惯，人人都买你就跟着买，而且总认为一切"看上去"都风光无限？如果是这样的话，那你倒不如拿钱建立一个家庭。至少家庭还有个"根底"，而你的这种交易却毫无根底可言。你是否会在股票下跌、股市看上去"低迷"的情况下卖出？你是否会因等待"更好时机"而推迟买进？如果是，那你就是在以完全相反的原则进行交易。我的目的只是教给你方法，而你需要自己去完成实际的任务。只把这本书买回家并不一定就会对你有所帮助，只有通过一遍又一遍地反复阅读研习，你才能够真正地从中获益。

目录

contents

应在股市上涨时从其跌势的角度来思考——而且将其下跌看成是一次上涨之前的准备阶段。

次动向顶峰的交易量突然增大，这就意味着这一运动即将终结。交易量不仅和当前的股价水平有关——还与未来的股价水平有关。交易量是一个预报未来的指数，可以告诉我们股市未来几周或几个月的走向。

明智人闻道以益其智，有识者觅方以广其识。

—— 《圣经》箴言 ——

第1课

开始炒股前
的准备

　　我们当今这个世界充斥着各种各样的信息，有时候你的朋友会悄悄透露给你一些消息或"秘密"，而这样挑选出来的几条消息却总是大同小异。出于好意，你的朋友会告诉你某种股票很快就会上涨，这则消息是他从某某那里听说的，而某某又是从某某公司的老板琼斯先生那里得知的。不知不觉地，你就会受到这些"极具权威性的"建议的影响。

　　我给你的建议就是，**不要去理睬那些消息，永远不要轻信那些"小道消息"。永远不要向你的朋友寻求建议，也不要为此直接去向某公司老板打听**。要达到这样一种较高的境界，那就是既不需要"建议"也不需要"小道消息"的境界。你那个获悉某股票"内幕"的朋友并不可靠，因为真正的内幕不会那么轻易让你知道。真正有价值的消息就意味着能够赚钱，这种消息不会在理发店里被人口耳相传，而是会得到极为严密的封锁。

　　某公司老板向你提供的"消息"也许是可靠的（如果他真是你的一个朋友的话），因为没人比他更了解该公司的情况。然而，信息是否有价值决不能用他对你的情谊来评判，而是要看他对自己公司股票的认知程度，还要考虑其他交易者或整个大众对该股票的判断情况。鉴于该公司在销售或组织方面的新进展，他可能真心实意地推荐你购买他公司的股票，但他在提供建议时可能还没权衡未来的某些因素。他很可能并没有考虑到国际事件、政治及经济等因素。所以用不了多久，你就能学会如何只从市场本身发掘"消息"。

只有市场动向才能提供最可靠的"内幕"。

就我个人来讲，在研究某股票及其发行企业时，我更愿意参考市场报价及该股票的自身动向，而不是财产清单和销售报告。

什么才是有用的消息？

这些报告通常公布得"太晚"，而且有关股市行情的真正有价值的信息提供得也"太少"。只有股票自身的动向才能反映其最真实的情况。如果某股票比其他股票下跌的幅度更大，或是在呈上升态势的股市上却迟迟不涨，那就一定有问题。同样，如果该股票下跌的幅度不如其他同"组"股票，甚至在熊市上仍能保持上涨态势，那它就是个绩优股。这些不善言辞的股票比其公司大部分领导更善于了解其自身走势。通常情况下，正是当某股票在市场上骤跌时，其公司的那些"领导"才想起来要问个究竟，而且通过了解股票在市场上的"走势"，他们也常常能够发现自己公司存在的问题。

至于那种别人打着友情的旗号而慷慨送给你的"消息"，通常都是一种"公开的秘密"。这种"消息"常常只是一种精心设计的流言，它作为一整套欺骗计划中的一个环节，目的就是让你在错误的时机买进某股票。

股市很少会受某种公开消息的影响，只有那些鲜为人知、尚未发布以及预期的事件，才会对股市产生较大的影响。当关于某一事件的消息被"公之于众"时，股票的走势就常常会发生转变，其变化的方式恰恰与你通常所做的预计相反，因为它会折射出一系列不可预见的新情况。

当然，任何灾难性的突发事件都会对股市造成瞬时的影响。但作为一个整体，市场几乎不会对此毫无预知能力。股市是一个真正的"先知"。如果你学会通过了解"股市动向"来判断股市情况，并按照"市场动向"的指引进行交易，那么你就是在追随一位真正的先知了。一旦某消息成了公开的新闻，那么你再开始行动就为时已晚了，因为损失在此时就已经造成。股市会在某种程度上降低这种损失，因为它在之前的动向中已经预见了该消息，而**对于同一事件，它很少能够预见两次。**

借助那些交易者的头脑，股市能够预测到大量未知的因素，并能结合未来的某些事件对其自身发展进行思考。大众只会去考虑当前的状况，而这种现象只是一个消极的因素，不是一个积极的因素。

你首先应该明白的道理

处于非活跃状态的大众心理会受到利用，因为那些实力派人士或"知情者"可以预见到这一心理，而处于活跃状态的大众心理则会吸纳某些暴民的本能。暴民几乎总是错误的，或许只有一种情况除外，那就是当他们抢夺了权力并强化了那种暴民心理时（就像意大利法西斯）。因此，我们也许会听到这样多少有些不智的说法："强权即公理。"不要把钱（或交易）"押"在过于明显的事情上，股市永远不会对"确定之事"做出反应，而只能是向相反的方向发展。

在股市上，你最强大的敌人就是来自于外界的各种建议。谈话、流言、观点，这些都必将对你产生影响，使你心生迷惑。因此，你要尽可能地避免这种情况。要了解真正的市场行情，你就必须做个"独行侠"。如果你到你经纪人的办公室去，不要与其他"客户"攀谈。不论是直接地还是间接地，他们都会对你产生一定的影响。因为别人那种或"恐惧"或"期盼"的情绪会对你产生驱动作用，使你倾向于追随那些人自发做出的决定。对于你自己的交易情况要绝对保密。既不要向任何人吹嘘你获得的利润，也不要哭诉你的损失，总有一天你会认识到这样做有多么重要。

我遇到过很多一谈起股市理论就滔滔不绝的人，其中有一位曾使我学到了很多有价值的道理。当他坐在自己的办公室里时，他会对股市做出极为明智的判断，其能力不亚于我所认识的任何一个人，可一听到关于大盘循环滚动的信息或我所提到的外界情况，他的判断能力就会降低至零。在经纪人办公室里，他这种人很容易会受到"客户"们各种观点的影响，结果导致他最终背弃了自己的理智决断。

我们应该记得，最神圣不朽的灵魂是在独处时才得以表现自己的。根据《先知》中的记载，对于那些曾受到侵扰的灵魂来说，在私密处的祷告要比在教堂中的祷告更容易送达上帝。市场决策及行动过程在很多方面都是具有参照性的，即所执行的每一步骤都要保证高度的自主性，而且最重要的就是要有独立行动的精神。

如果你已逐渐掌握或已拥有成功交易的基本条件，那么你就能够在华尔街上大赚一笔。然而，在进行交易时，你一定要像在平常工作时一样机敏。你不仅要全身心地投入，还要能够在读到或听到"大堆建议"后，以极为坚韧的毅力说服自己先不去采纳，除非哪条建议与你自己的分析不谋而合。你应当清晰公正地对交易情形进行分析，然后鼓足勇气根据自己的分析采取行动，这样才能从中获利。有时，你会受到来自四面八方的消极影响并因此而做错事。**没有人会敦促你去获利，但所有人都可能使你蒙受损失。**你要保持头脑清醒，客观地对一切动向进行分析，并根据基本的原因和事实做出决定。一旦你萌生了某种想法——采取行动！不要还想着给自己留面子。如果你发现自己的想法从一开始就不正确，要敢于立即进行纠正。有些人始终抱着"船到桥头自然直"的"奢望"，并因此而无法及时纠正错误行动以避免更大损失，而最无药可救的交易员就莫过于此。

你将会不可避免地碰上一系列的问题，但如果你能逐渐将上述要点应用于解决那些问题，那么你也同样可以在市场上赚到钱。最重要的一点就是，**你要靠自己的判断进行交易，不要接受任何不为你所理解的"建议"的引导，而要用你所学的知识、你对事物的理解来引导你自己。**通常情况下，你"最好的朋友"告诉你的"小道消息"是不足以采信的。你应当针对关于市场行情的研究做出分析并进行总结，并据此做出交易决定。

只有当你学会依据自己对事件的分析进行交易时，你才会慢慢走向成功。如果你只靠"别人"给你的建议而进行交易，那么"别人"会犯的错误你也同样会犯，"别人"的缺点你也会照搬，甚至你还很有可能受到不法交易的牵连。

几乎每个人对于华尔街都有自己的看法。有些人认为，华尔街聚集着一伙穷凶极恶之徒，他们专门从可怜的孤儿寡母手中骗取钱财。

另外一些人则认为，股市由诸如摩根、洛克菲勒之类的财团所操控，因此外行人根本没有任何机会在股市上赚到钱。还有些人则认为，股市是人们进行合法股票交易的媒介，这样大众就有机会将自己的储蓄和资金投到美国的企业界。股市还给一些人留下了这样的印象，这里是赌徒们的老巢，而炒股赚钱就像赌牌或赌马一样没谱。

事实就是，华尔街在不同时期曾兼具上述各种特点——这主要取决于政府的态度以及大众具有启发性的观点。**作为人类，我们必然具备所有人类的本性特征——各种美德与恶行。人性之主要特色并不是抢劫可怜的寡妇，而是从所谓的"自作聪明的人"那里拿走钱财，而如果那些人心甘情愿地放弃自己的钱，这又有何不能称之为人的另一大本性呢？** 股市上90%的人到那儿去都没什么正经事可办。如果国内成千上万的专家们不曾在学校里学了好几年，从而为这种高度专业化的工作做好准备，他们又怎么可能有资格进入这一领域实践呢？**90％的股市失败者都输在了没有做好充分准备的因素（情感、心理以及技术方面）之上。**他们为自己的"失败经历"付出了极为高昂的学费，但大部分人却根本没能从中汲取"教训"。

从我收到的上百封客户来信中可以看出，他们大部分是医生、律师、工程师、会计师或其他专业人士。他们这些人都用了好几年时间为其所从事的职业做准备，如果他们在自己的事业上取得了成功（这一点可以从他们还有闲钱拿来炒股这一事实上得到证明），那么这就要归功于他们多年的学习以及对所学知识的出色运用。律师之所以能够成功地为客户开脱罪责，靠的是他对事实的透彻分析以及不错过任何细节的态度。同样，医生救治在生死边缘徘徊的病人也是这个道理。他需要在做出一个又一个的诊断之后才能采取行动，其中每一个环节都不容忽视。

然而，当这些人进入股市时，他们就把自己的分析能力和聪明才智都留在了实验室或办公室中，他们也不再遵照曾为他们的事业带来成功的高标准。

实际上，这种现象同样会出现在商人及制造商身上。在安装新机器或购买原材料之前，他会计算并计划每一个细节：写出报价，估算价值、质量及服务。最重要的一项工作就是，研究并分析他的产品获利销售的几率。但十分可悲的是，只要某人打电话告诉他股市正处于"买进的好时机"，他就会立即买进股票，而将卖出获利的几率完全丢给运气来决定。

随着股价的起落，大众的心理也会产生一定的变化，而关于这一方面的研究是很有意思的。当股市处于繁盛时期时，大众从来不会顾虑股价也会有涨到头的时候，也自然认识不到将股票定期兑现的必要性。正好相反，此时的他们以为股票涨势的幅度会与天同高。于是，当"华尔街大亨们"开始大量倾销股票时，他们还在买进。而当股市已快跌到谷底时，他们才开始"害怕"股票会跌得更惨。有些人还在绝望地挣扎，直到接到"保证金补充通知"后才不得不将手中股票全部卖出，或者在生意萧条急需资金时被迫卖出股票。

大众会发现，在华尔街赚钱真的很难，而这并不是因为有人"耍诈"，而是因为他们对自己正在玩的这个游戏及其规则一无所知，而且他们也不愿去学习。要想了解华尔街的游戏，你就需要付出时间与精力去关注并进行研究。除非你决定花时间去研究股市的动向，就像研究最能使你感到快乐的事情一样，否则最好还是留着你的钱吧，不然你迟早要和你钱包里的钱说拜拜。你在股市上的对手们不仅把他们所有的时间和精力都投入其中，而且还"乐在其中"。因此，不要把研究"市场动向"当作一件苦差事。只要你"打心眼儿里"想做这件事，你就会从中获得更多的乐趣与满足，甚至多于你任何其他爱好所带来的快乐，如"吃、喝、玩、乐"等等。

如果你认为，华尔街内部的运转是非常和谐的，那么你就完全误解了。这里包括形形色色的利益集团，每个集团都怀有这样的意图：不仅要从大众身上获利，还要从其他"利益集团"那里获利。但话又说回来，无论华尔街内部的各个利益集团如何分裂对抗，他们在面对"共同利益"时仍会保持"统一战线"。这就是所谓的"最小抗力"，他们称之为"利益瓜分"。因此，股民们就像是送入屠宰场的待宰羔羊，他们又何尝知道自己正在走上一条不归之路。

我想你的目标一定是要脱离"待宰羔羊"阶级，否则你现在也不会来读这本书。要实现这一目标，你就必须用必要的背景知识丰富自己的头脑，这样你就能够从"被剪毛的羊"变成"剪羊毛的人"。归根结底，你在股市上将赚到的钱一定都来自于"羊群"（不要认为我很残忍，我只是在陈述事实。其实，我写这本书的主要目的就是，从"屠宰场"中救出一部分"羔羊"）。

因此，**你必须要学会与大部分股民交易的方向背道而驰。**关键就在于你能在多大程度上探知"他们"（在华尔街）的动向，只要沿着他们的足迹前行，你就能在交易时赶超他们。你一定要学会像"他们"那样精明熟练并善于算计。

你一定要学会了解市场动向

只有股市上的那些常胜将军才是真正适应了那儿的人。我是怎么知道的？因为事实就是他们成功了。他们具备必要的先决条件：远见、学识、冷静及精明的头脑。你必须像这些人一样，专业化并冷静地进行这场游戏。你必须能够品评相关的新闻，琢磨字里行间的意味，然后再开始行动。有些新闻虽然还未正式发布，但却已在酝酿之中，你必须能够区分其中哪些仅是"陈词滥调"，而哪些极具"未来价值"。没错，你必须得学会"设想"。

大多数专业人士（医生、律师等）在股市上都像"白痴"一样。产生这一现象的原因显而易见。医生所接受的训练针对的是他所从事的职业，而他的对手所接受的训练针对的则是股市交易。如果你想涉足股市，就要对其给予足够的关注。就像上帝耶和华一样，其他的神就只有嫉妒他的份儿。与从事其他任何职业相比，在股市上能够赚到的钱要多得多。刚入门的时候，你会为你即将获得的经验付出代价，而当你获得了足够的经验之后，你就会赚到更多的钱。只有专于此道的人才有优势进行精明的交易。这场"游戏"变化多端，就像这个世界、我们的国家甚至某一企业一样瞬息万变。因此，你一定要能"跟上形势"，否则便会一落千丈。

在所有的交易者当中，最差劲的要数那些"赌徒"，他们很少有先见之明。这听起来或许有些自相矛盾，因为股票交易在你看来可能就是一场赌博。当然，有些人根本不清楚自己该采用哪些方法，他们只会把自己的钱压在所谓的"小道消息"或"预感"上，因此交易对于他们来说就是一场赌博。如果一个人用这种赌博的方式进行交易，那么他就只能在股市上待到身无分文为止。而我的任务就是，教会你如何成功地进行投机活动。投机商并不是赌徒，他可以把风险降到最低限度，因为他只有在大致有把握获利的条件下才交易。当然，他也可能会赔钱，但他不会一开始就心存这样的疑虑。在对股票进行投资之前，他会先去了解一些相关的情况，如大盘走向、股市动向、经济状况、股市的技术条件以及其他显著的因素，他会从中得到暗示并证明自己的判断是正确的。如果交易条件于他不利，他就会想办法减少损失，并等待更为有利的条件，以备再战。相反，赌徒则会在同一情势下立即重试自己的"运气"。而投机者则会对自己失败的原因进行认真的思考。如果时机还未成熟，"幸运女神"也起不到任何作用。所以说，**赌徒永远都只能是赌徒**。如果一个人只想满足自己赌博的本性，那么他就应该去玩"排五点"游戏、扑克或是赌马。然而，在股市的殿堂中，你必须戒除诸如"冲动"、"本能"或"直觉"这样的"罪恶本性"。

交易是一门科学，而不是一种赌博

股民的另一个误区就是保证金问题。我们经常会听到这种说法，保证金账户中的金额用完了，就代表股民赔钱了。实际上，这是一种毫无根据、混淆因果的说法。**人们总会为自己的失败找借口，而不愿意承认是自己的方法有问题**。他们更容易忽略掉原因，而将所有责任都归于华尔街或用完的保证金上。他们所能看见的仅仅是一个结果，而不是造成这一结果的原因。

从市场智慧的角度来看，你应该为自己的损失感到庆幸（如果你能够及时制止这一损失的话）。当然，前提是每当你投资失败，你都能冷静地思考自己错在哪儿，并找出投资失败的原因。如果在分析原因时，你能以尽量不重复犯相同的错误为目标，那么你就终将获得成功。

无论是在医学还是股票交易领域，对失败的原因进行分析都是至关重要的。在人生的各种活动中，自我分析都是一种非常适用的方法，而这种方法在股票交易中更是一个必要的先决条件。**从永久交易成功的长远角度来看，你暂时的失败要比你"偶然的"**

成功更有价值。

关于保证金问题，通过运用自我分析就能发现，你遭受"强制卖出"并不是因为你的保证金太少，而是因为你没能抓住适当的时机(通常是获利时机)将股票卖出。此外，交易过度以及太过贪婪也是原因之一。问问你自己这样一个问题：如果一个人没有用保证金，而是直接为他所买进的股票支付全款，那又会是怎样的情况？当他的经纪人要他强制卖出时，他的股票会更值钱么？显然，答案是否定的。没错，他会继续持有自己的股票，但他同时也要接受经纪人要他"强制卖出"时手中股票的价格。

事实上，以100美元买进(全款支付)的股票，当其价格降到50美元时，那么不管在你手里还是在经纪人手里，该股票的价值都不再是100美元，而只值50美元，或者说只值你在三分钟之内能够将其卖出的那个价钱。然而，当经纪人因保证金不足而要求你强制卖出时，你手中的股票与付全款买进的股票具有同等价值。给你带来麻烦的源头就在于，在持续下跌的股市继续持有股票以及过度的资金交易。

因此，在适当的时候，用一定的保证金买进股票也是可以的。只要你交易的方法正确，就一定不会有问题。如果你所买股票的走势不符合你的判断，那么你就应在适当的时机将其卖出，这样就可以避免遭受更大的损失。**与其等到股票价值缩水50%甚至更多时让人可怜，还不如及早放手，这样做才更明智。**

但是，不要误认为我是在鼓励保证金交易。恰恰相反，有时候你应只用资金的25%进行交易，而有时候使用全额保证金交易也是可以的。保证金问题属于"时机因素"理论的有机组成部分，这一理论是交易成功的基本秘诀。关于这部分知识，你将会在接下来的章节中学到。在交易中获利首先取决于你买进或卖出的时间，如在牛市中用保证金进行交易就是个不错的决定，而如果是在下跌的股市中用更多保证金进行交易，那么就一定会出现问题。有些人用全额买进的股票进行交易，他们也会遭遇类似的困难。

归根结底，保证金就是借来的资金。你用非常可靠的抵押从经纪人手中借得"保证金"，这抵押就是你所买进的股票。而经纪人则要从他的银行进行抵押贷款，如果他的经济状况允许，他也会将他自己的资金借贷给你。毫无疑问，你已有过因日常业务需要向银行协商贷款的经历。你的经济状况怎么样？这是当今银行会问到的第一个问题。你的经济状况会显示你的资产以及债务情况，而银行会以此来判断你贷款的目的，是用来拓展业务还是遇到了"紧要关头"。你可能会认为，只有在后一种情况下银行才会向你伸出援手，而在你目前利润已经相当可观的情况下，银行是不会鼓励你扩展业务的（他们会想，你为什么要贪多嚼不烂呢？）。

但就银行业来说，情况却恰恰相反。只有当银行认为你没有这笔资金也可以运作时，你才会得到贷款。或者引用我的一个客户说过的话，**"银行会在艳阳高照时借你一把伞，但会在第一个下雨征兆出现之前将雨伞收回！"**万一你真的遇到困难需要资金周转，如果你没什么可抵押的话，那么银行是不会帮你的。当风险很大或资金结构不稳时，银行便不会借钱给你。

大多数用保证金交易的人有时很不明智，他们将保证金作为自己的一部分资金使用，并持续不断地用保证金进行交易。从基本的商业运作角度上看，这种做法无疑是非常危险的。因为没有哪个银行会借钱给你作为持久的"资本"使用。

股市并不是一场"机器游戏"，也不是由一个"机器人"控制的。实际上，股市就是一个以营利为目的（为其成员、管理人员等）运转的钱市。任何与之相反的幻想都会使你一开始就做出错误的假设，那么你就永远也上不了一垒。在我们当中有这样一些人，他们能够相当准确地预言股市会涨到几时，或者会在哪里下跌，但这靠的并不是"水晶球占卜"或是"内部消息"，而是股市的技术条件给出了我们关键的暗示。华尔街对股民们的心态了如指掌，它知道有一部分这样的股民，即使是到了能够获得可观利润时，他们也不会卖出手中的股票，而是会坐等利润继续攀升。贪婪是他们最终失败的原因。一头牛能有几张皮让你去扒？某股票上升到其所能达到的价格极限时必然会跌落，而在股票升到极限后还死抓着不放则是毫无意义的。在以下情况出现之后，股价通常会开始下跌：经纪人手中过度使用保证金账户而强制卖出、大部分止损委托发出、有头脑有远见手中又握有资本的交易者出现，他们从保证金余额不足头脑又不够坚定的人手中得到股票。

因此，我建议你采用以下几条实用的规则：

1. 只有当风险很小、并且你已经从主要投资的股票上获利时，才能使用借来的资金(保证金)进行交易，这一趋势必须要十分明确。

2. 一旦股市上出现某股票涨到"顶峰"的征兆，你一定要保持警惕，将你持有股票的价值减少到与本金持平。

3. 一旦你意识到市场开始疲软，要减少你的持股(本金)量。

4. 当你觉得市场走势越来越无法确定时，要暂时跳离股市。

5. 只有当你更加确信时，再用你的部分本金买进股票。

6. 随着你信心的增长增加交易量。

7. 只有当你确定已获得"实际"利润时，你才可以使用保证金进行交易。在使用经纪人提供给你的保证金时，你要像使用银行给你的信用额度一样。因此，不要滥用这一特权，把保证金当成你自己的"资本"进行交易，将它用在适当的时机，从而适时地进一步增加你的利润。

要持定训诲，不可放松。必当谨守，因为他是你的生命。

——《圣经》箴言 ——

股往金来

第 **2** 课

这样
把握时机

股民可以分成很多种，其中有些从承销商手中买进未上市的"原始股"。这本书不会涉及这种特殊的买进形式。如果你是以交易为目的，那么你就一定要到证券交易所去买进上市的股票，你可以在那儿发现很多绩优股。既然如此，何必还要买那些对你来说一无所知的股票呢？

当你在交易所买进上市股票时，你可以立即将所买股票处理掉，这样你的获利或损失都不会很大。然而，如果你要买进未上市的股票，那么你就必须去寻找买主，而当你想要卖出股票时，通常没有人愿意去买，而股价也会迅速狂跌。你应只交易那些在三分钟之内就能卖出去的股票，而且是那种受证券交易委员会监督的上市股票。如果你看好某种未上市股票的品质与前景的话，那么你可以将其买来做长期投资。记住，你要用来做交易的只能是上市股票。

买进股票通常出于几种动机：（1）股息投资（收益）；（2）股票自身的价值增值；（3）频繁地出入市场（买进卖出）以赚取小额利润。

然而，这几种动机的原理是相同的。如果一个人为了等待股价有实质性增长而买进某股票，那么他需要知道何时将股票卖出最为恰当。假设他在股价为50美元时买进，而该股票现在已涨到了150美元，那么他是应该继续等到股价升至300美元，还是应该在此时以150美元卖出？如果他选择等待股票升到300美元，那么这期间股价也有可能回跌至50美元，甚至更低。这样一来，他就可能要等上好多年才能等到股价再涨到150或是300美元。倘若有人就是乐意持股经历一个完整的牛市熊市的循环，那么可以说这根本就是一种愚蠢的行为，因为他可能在经历了两三个这样的循环之后，甚至还搞不清自己身处牛市还是熊市。

这就使我们想到了"时间因素"理论。《圣经·传道书》中有一段关于时间因素的虔诚描述："既有战争之时，也有和平之时；既有耕耘之时，也有收获之时；既有出生之时，也有死亡之时；既有保存之时，也有丢弃之时。"孵出一只小鸡需要21天时间，孵出一只鸭子则需要28天。一匹马的寿命是15年，你肯定不会买一匹14岁的老马，除非你是做胶水生意的。你也不会娶一个70岁的老女人做老婆，除非你不是为了养家糊口，而是冲着她的钱。大卫的儿子——耶路撒冷王知道，每个人及每件事物都有其自身固定的时间因素。约瑟——第一个粮食收集者和商人（因抵抗住了波提乏之妻的诱惑而闻名）就懂得循环理论的微妙之处。从他对于法老王"七头瘦母牛吃掉七头肥母牛"①这一梦境的诠释，就能够看出这一点。

这个梦境不过是印证了国家由繁荣到饥荒与萧条的循环，即时间因素理论（好年头积攒下来的成果会在坏年头消耗掉，我们确实看明白了这一点）。由于现代先进工业的发展，我们的生活中融入了各种各样的复杂机器，如无线电通信、电话与飞机。这些东

---

① 这个故事出自《旧约·创世记》，埃及法老（Pharaoh）做了个梦：他站在尼罗河边，突然水里走出七头肥母牛，吃起了芦苇。在它们身后又有七头瘦母牛从河里冒出来。这些干瘦的母牛把肥母牛吃掉了。法老醒来后，心里不安，就召集埃及所有的术士和哲人释梦，但没人解释得了。于是法老派人召来约瑟。约瑟说这是上帝的预示，就是说马上会有七个丰收年，紧接着是七个灾荒年，到时饥荒将遍及全国。于是法老任命他来管理国家。果然，七个丰收年过后，七个灾荒年开始了，许多国家都遭受了严重的饥荒，唯独有了充足准备的埃及免遭此劫。这段传说在西方社会妇孺皆知，其中的"肥母牛"、"瘦母牛"已成为"繁荣富足"和"经济萧条"的代名词。

西大大缩短了生活中原本由"时间老人"来掌控的时间与距离。如今，一个人在一天内可以完成的事情，要大大多于19世纪人们一个月所能做的。上次我去埃及用了三星期，从那儿再到俄国用了四个星期。然而，到了1943年时，这两段距离分别只用16小时和24小时。

"时间因素理论"、"循环理论"、"行动与反应理论"，无论是在当今还是法老王时代，这些理论都同样真实有效。世界各地的市场与经济的运行都是靠这些理论支撑着。希特勒之所以战败是因为，"时间"正在给他造成"损失"。即使是宗教也有其自身的时间因素，在经济萧条时，人们去教堂的次数要比经济繁荣时多。在战争年代，更多的婴儿会降生，从而弥补在战场上死去青年的数量。

成功买卖股票的关键就在于，要与"时间因素"的方向一致。有时，几乎你所买进的任何股票或商品都能获利，但也有证券交易所中大部分股票都在下跌的时候。只有选择正确的时候买卖股票，你的利润才会增加。

由于不同的技术条件，有些股票的步调更接近于"时间因素"，这类股票比其他股票上涨的空间更大（就百分比而言）。因此，你还有必要了解该去买哪种股票（你会在另一章中学到这一成功交易的重要特点）。关于"买什么"的问题，其实也是一个"何时买"的问题，同一组股票不可能持续领先于其他组股票。有的股票在某一价位时很值得去买进，而当它的时间因素即将耗尽时，你就应在其价格涨得稍高时将其卖出。有时，某一组股票涨得较快（就百分比而言）的原因就在于，这组股票符合"时间因素"（如战争之时）的节拍。然而，此时落后的那组股票（如和平股票）过些时候又会后来居上。因此，"何时"仍然是最终的问题之所在。要弄清这个问题，你可以对各种条件进行研究，并密切观察市场动向。

如果把握不准"时间因素"，那些关于"买什么"的小道消息也是毫无用处的。至于那种已成为现实的陈旧"消息"，它早已远远偏离了自身的"时间轨道"，这样的消息对你来说是大有危害的。这些所谓的"秘密消息"，其特点就是在"盘中餐被瓜分殆尽"之后姗姗来迟，因为这些消息的发起者很可能早已占尽了先机。

"时间因素"是各种交易与投资的指导原则。即使是那些希望持股两三年之久（对此时间设定并无特殊原因）的投资者（长线交易者），也可以据此理论大大缩短持股时间。要完成这一过程，可通过在适当的时间买进，再在适当的时间卖出。要想晒干草，必须有阳光，你需要的就是有利的时机。

对于扮演中介角色的波段交易者来说，他持股的时间通常在三四个月左右（对此时间设定并无特殊原因）。如果他能够学会何时结束一笔交易，那么他就会受益匪浅。如果他能在恰当的时间里进行清算（这里的时间并不是指某个特定日期），他就会获得必要的资金，并在股价更低的时候再次买进，从而准备好在下一轮股价上涨时赚取利润。如果他的资金被未卖出或"已冻结"的证券套牢的话，那么他便别无选择，只能眼睁睁看着别人从中获利，而他自己只能作为旁观者"停滞不前"，不知不觉中成了一个靠边儿站的"投资者"。

有些交易者通过在股市上转手股票来赚取利润，对于他们来说这一时间因素也同样重要。有些人尤其适合做快速交易（他们大都是无须支付佣金的场内交易商和交易所成员）。上午，他们会观察股市走向，如果大盘显示股市走势将有所上涨，他们就会买进。然后，他们会等待股价上涨空间的释放，并在这一期间将股票卖出获取利润。因此，他们成功地利用了这一时间因素——市场走向。

时间因素含有各种不同的形式，采用何种形式取决于你所交易的类型。如果你想买进某股票做长线交易(投资者),那么你就必须对股市之外的整体状况有一个宏观的了解。你必须了解生产力水平是否在提升，世界政治环境所带来的是稳定还是压力？税金会不会上调？劳工的态度是否稳定？资本主义是否会受到改革或国家社会主义倡导者的抨击？罗斯福是否会第四次、甚至第五及第六次连任？（长线）投资者需要致力于研究经济及政治的走势。因此，每日或每月的浮动状况以及股市的技术条件，这些对他来说都不再重要了，因为它们只能说明当前或者短期之内的情势。对于中期趋势交易者来说，情况则刚好相反。他主要关注的应是近期发生的事件，至于几年之后会发生什么事情，他现在根本无需操心。他会根据自己当前所面临的情况，及时做出相应的调整。甚至在政局不稳的情形下，他也可能通过卖空"资本主义"而获利。如果他认为罗斯福会第四次连任（很可能成为现实），那么据此进行空头交易也可使他获利。

"时间因素"就是股票在几周（小幅）、几个月（中期）或几年（主要趋势）期间上涨或下跌的"周期"。要想彻底地信服"时间因素"的重要性，你可以去看一眼道琼斯股票平均价格指数图。你会注意到，股票价格总是在与"时间"赛跑，它们很少会静止不变，而总是会随着"时间"的变化或涨或跌。你还会发现，大部分股票都会追随道琼斯股票平均价格指数的动向。当道琼斯指数下降时，大部分股票也会呈下跌趋势，反之亦然。你可以清晰地看到，如果抓不准某些股票的买进时机，仅凭"小道消息"是多么不可靠。大多数情况下，这些股票的命运会随着整个市场交易的结束而走向终点，而市场本身就受时间因素的制约。时间因素又受制于政治及经济状况、总统、国王及独裁者、立法机构、劳工等等。

当股市开始发生变动时，每种股票的浮动状况都会有所区别。只有那些自身"周期"与"时间因素"协调一致的股票才会看涨，其他的那些股票则会停滞不前，它们都是一些没有收益或开始走下坡路的股票。接下来，我们将进一步讨论的问题是该买什么样的股票。然而，最重要的问题还是股票的买进时机问题。只要时机确定了，选择哪种股票待其上涨的计划便可以提上日程。只有当时机明确之后，某一"秘密消息"才可能有些许价值。

在呈上升趋势的股市上，某股票的投资价值有何不同只是百分比或多或少的问题。基本上，在以上升趋势为主流的股市上，所有的股票都会上涨。在特定周期内，有潜力的股票可以上涨10%（按成本的百分比、而不是利润的百分比计算）。同期，中等股票可以上涨7%，差一点的股票可能仅上涨3%。在牛市上，你赔钱的几率基本上是微乎其微的。然而，在走低的股市上，即便你所买进的是最棒的绩优股，你还是会面临一定的风险。任何股票在牛市上都看涨，而任何股票遇到熊市也都会看跌（或多或少是这样的）。

因为智慧比红宝石更美。一切可喜爱的，都不足以比较。

我智慧以灵明为居所，又寻得知识和谋略。

我有谋略和真知识。我乃聪明，我有能力。

丰富尊荣在我，恒久的财并公义也在我。

使爱我的承受货财，并充满他们的府库。

——《圣经》箴言——

供求关系
决定一切

　　"布丁好不好吃，吃了才知道。"同样，股市是涨是跌，要看到实际结果才算数。一支股票究竟是不是绩优股，要看它是否保持上升态势，或是否在跌势中仍能保持稳定。反之亦然，看一支股票是否差劲，要看它是否一路呈下跌趋势，或是其股值的涨势停滞不前。这看似简单，但却是最为基本的道理。

　　无论（优秀咨询服务公司所提供的）各种预测有何优点，它们都是以供求关系作为基础的。对于那些有耐心寻求事实的人来说，股市上几乎没有任何未知因素。在当前的价格水平上，当对股票的需求量大于可供应量时，股票价格就会上涨。只要原价位的股票还有供应，股价就不会上升。直到交易者都将股票以主流价位卖出之后，股价便会随之一降再降（1932年时，克莱斯勒汽车公司的股票卖到每股7美元，美国钢铁则卖到每股22美元）。当人们将股票急于脱手的压力渐渐消失、而对股票的需求量增加时，股票价格就一定会上升。股票买进者只得以卖价而不是竞价买进，而卖价往往是高于竞价的。一旦想要卖出股票的交易者意识到出价时不需要妥协，而"卖价"是由买进者支付的，那么交易者开出的价位就会越来越高。当"卖价"持续升高时，股价就会上涨。

　　供求关系（低价买进、高价卖出的"时间因素"理论）是所有股市动向预测的基础。供求关系的变化可以通过道琼斯股票平均价格指数进行评估，也可以利用股市分析专家所设计的其他方法进行观察。如果道琼斯指数上升，就表示股市对股票有需求，而如果指数下降，则代表股票供应量过剩。

物理学中有一条规律，"水往低处流"，这就最为有力地证明，30万股交易日成为股市（在经历一次下跌之后）上股票已清空的最好指示剂。如果一小部分股票的价格略有回升之势，并在一定的范围内保持稳定，这通常就意味着股价很快就会上升。(1)一个股票积累的时期即将到来。(2)股价接下来的一个动向是持续飙升。(3)为下一步当股票升到极高价格时的分派做准备。这一过程通常需要花费几年的时间，因此你没必要急于求成。

至于那些搞咨询的人（比如我自己），是如何又是从哪儿得到那些"内幕"的，我不清楚你对此有何看法。我见过有些人认为这些咨询机构都是从华尔街内部获得的"内幕"，就像人们赛马时从"骑师"或"驯马师"或"他最好的朋友"那里获得内幕一样。但如果让别人知道"他们"的意图，华尔街还会有利可图么？某些咨询机构声称，他们是从"观察"星象中获得的"启示"。让我告诉你吧，除非他们对股市了如指掌，否则那些星象根本无法"解读"。根据循环理论、供求关系所表明的时间因素以及其他已知因素，经济学家在商业领域所做的各种预测也是以"时间因素"为基础的。

什么是商业晴雨表？不管是《巴伦氏周刊》、《纽约时报》、联邦储备银行、克利夫兰信托公司(Cleveland)、花旗银行，还是其他什么机构，供求关系就体现在它们所公开发表的那些数据中，如钢铁产量、货运数量、机车定单、薪水册数量、支票结算量、银行储蓄额、资金流通量、耗电量、木材砍伐量，汽车生产量等。对于优秀的经济学家来说，他们会将自己的预测基于一个能体现各行业供求关系的晴雨表之上。

不用我说你也该知道，**永远不要与商业晴雨表及股市动向意见相左，这就是一条金科玉律。**

如果你将在股市上取得的成功归于"天赋"，那么你就大错特错了。杰西·利物莫(Jesse Livermore)是20世纪最伟大的投机家，但如果市场改变了自身的"习性"，而他却没能及时随之改变的话，那么他将永无"回头"之日。一位赛车手的妻子曾说："道路转弯了而他却没有转。"这句话非常明确地说明了"沿路行驶"的重要性。如果有人在股市上取得了成功，那是因为他学会了顺应时间因素(趋势)进行交易。要走捷径顺势而行，不要"逆天而行"。

摩西显然就有这种时间观念，他很清楚潮水何时涨落。正因为如此，他才能够在带领希伯来人穿越"干涸"的大海时让"奇迹"出现。那些埃及人也匆匆冲进大海，但时机不对，恰好赶上了涨潮，于是，《圣经》中便有这样的记录：追赶而来的埃及人无一生还。

精明的交易者会时刻关注潮流的涨落，甚至连微小的波动也不会放过。他会充分利用当前的局势，并根据政治趋向及经济潮流进行交易。他会密切关注政治及经济态势，当所有人都因看到繁荣景象而蜂拥而至时，他已经开始筹划如何脱身了，因为人太多路反而会不好走。当繁荣不再、衰败之势出现时，他又开始悄悄地以低价"积累"股票。你的判断力可能和其他人一样好，也很可能比他们还要高明。清晰的思维并不是某个人的专利，但最重要的一点就是，你一定要眼观六路耳听八方，而不要寄希望于从哪儿得到"小道消息"或是梦想碰到好运气。

熊市与牛市、萧条与繁荣、动荡与和平、盛宴与饥荒，产生这些不同趋势的原因主要在于，在农业、工业、商业及政府等部门工作的人们产生了不同的心理变化。

《圣经》中有记载，"盛世"通常会迷惑人们的头脑，刺激他们为所欲为，奉行"拜金"主义。据说，这给我们的祖先带来了灾难。贪图过度的安逸放纵摧垮了人们的意志，他们不再努力工作，罢工四起。"服务"质量极为恶劣，结果导致萧条时期的到来（看看在法国发生了什么吧）。这种现象是不可避免的，因为整个国家的工商业在这种状况下已被政客们搞得一塌糊涂，但人们却普遍对此毫无所察（作用与反作用理论）。

大自然懂得，解决过度投机及过度膨胀只有一个方法，那就是采取紧缩的政策。晴天过后，雨天便会来临。吃得太多便会消化不良。由于先前的过度享乐，到了经济不景气时，人们便开始学着节衣缩食，加倍努力工作，提供更多更好的服务，减少开支。更重要的就是，人们开始重新启用他们与生俱来的思考机能。在繁盛的年代，人们的这一机能受到了优越生活的催眠，沉沉地睡过去了（当钱可以很容易赚到时，干吗还要强迫你的头脑去思考？有钱人的儿子需要思考么？那些"包养"漂亮女人的人难道不应该为"漂亮女人没大脑"这种流行说法负责么？）。

到了这个时候，人们又开始积累存款。库存在不断减少，跟不上潮流的人开始意识到，在社会上生存变得越来越困难，越来越多的人不得不依靠政府的救济金（或救助项目）才能过活。有创业冲动的人开始做好准备，迎接另一个繁荣时代的到来。这种态度说明，繁荣与萧条的周期会不断地循环往复。股市提前几个月就能预见到繁荣时期的结束，表现为股价不再继续上涨。只有股市才是真正的先知，因为它所展现的是集合的观念，而不是某个人的意见。当盛世即将终结的征兆出现时，灾难将临，股价开始下跌，整个商业最终都陷入萧条。精明睿智的人们会顺势而行，将自己的股票变卖成账面利润，然后"攒存"现金。要想在股市上做常胜将军，首先一定要懂得应该何时积累股票、何时将利润兑现积攒现金、何时重新开始买进。

当牛市发展到高潮时，忽视市场发出的信息是非常危险的。账面利润枯竭，工厂库存以及现金储备也面临着同样的危机。你

必须根据情形做出相应的调整，减少股票持有量，将其兑换成流动资金。这样当熊市落到谷底时，你就可以充分利用当前的形势，用累积下来的资本买进更多的股票和原材料。买进股票就像购买商品一样，只有低价买进，并以高于买进价的价格卖出，你才能够获得利润。

然而，就美元来说，"高价"与"低价"是密切相关的。比如，货币本身的贬值或商品供应的缺乏，这都会造成物价的上涨。当商品的价格受到哄抬时，购买相同数量的商品就需要更多的资金，此时美元(使用中的货币)就会贬值。仅仅关于"通货膨胀"这一个主题，详细展开就可以写一整本书(当然这方面的书籍也不少)，因此这里不再重复。

在区分牛市的中间反转与熊市的开端方面，"时间因素"的作用也不可小视。如果你所认定的牛市在第五六个月时出现反转，那么你通常不必担心这就意味着熊市的开端。因为，此时的牛市还处于"幼年"的成长阶段，尚未排除其发展的各种可能性，犯下的"罪行"也尚不足以导致长久的不安宁。另一方面，如果牛市已经延续了四五年时间，那么任何反转波动都可能是熊市的开端。因为盛世已经持续得够久，积下的隐患(估价过高的股票)大都需要经历长期的调整、重新估价以及通货紧缩的过程。这头牛已经失去了活力，而一旦它停止"活动"，它的生命也将走到尽头。

教导智慧人，他就越发有智慧。指示义人，他就增长学问。

——《圣经》箴言——

赌博、投资
与投机

　　人们买进普通股通常出于两种原因：（1）看好股票自身的升值潜力（由于看到更好的商业前景及增加的收益）；（2）获得或预计获得股息。优先股和债券可以通过股息获取固定的收益，但普通股却办不到。然而有时候，通过普通股获得的股息收入要比优先股和债券可观得多。实际上，如果公司管理层认可，在支付完固定的优先股和债券股息之后，剩下的利润就都分派给普通股了。

　　不是所有的普通股都会持续支付红利，美国钢铁和无线电公司的股票在交易所已经多年没有支付红利了。在过去的11年里（更不用提1928～1929年股价更高的那段时间），美国钢铁股的价格在21.25美元到126美元之间浮动，美国无线电股则在2.5美元到14.25美元之间浮动，这两家股票价格的变动幅度高达600%，其动机便是获得预期的红利。否则，与在股价到达顶峰时将股票卖出相比，当股价降到1/6时，（从股息角度考虑的话）股票便毫无价值可言了。

　　除非有买主愿意出钱买，否则即使普通股都有票面价值，它也不具备任何真正的价值。因此，股票的转售价格成了它唯一的价值，纽约股票交易所便应运而生。纽约股票交易所是股票交易的市场，你通常都可以在这儿找到买主。你可能不得已要以低于买入价的价格卖出，但你肯定能找到买主。你所持有的股票能够卖出什么价格，主要取决于特定的时间因素，包括该股票发行公司的经营状况、整个国家乃至全世界的形势，当然还有大众对分红利的期望(1937年，美国钢铁股的时间因素决定其价格为126美元；而在1932年，其价格仅为21美元)。这些因素都可以总结为两种情况：(1)人们有可能以高于买进价的价格转售股票，因此对股票具有市场需求。(2)当股票供过于求时，人们有可能会被迫以低于买进价的价格转售股票。

纽约证券交易所的上市股票主要分为三类：(1)一年到头都有红利可分的股票，主要由投资者买进，以获取股息收益为目的。(2)不支付红利的股票，由交易者买进，以投机为目的。有人把这种行为看作投资，有人则称该股票为投机股票。(3)只有在繁荣期间才支付红利的股票，因此预期股息数额不规律。后面这类叫作半投资半投机股票，但这并不意味着投资股票不具备投机性质。就拿通用汽车股、西尔斯罗巴克股、美国钢铁股和其他一些股票来说，投资者买进是以投资为目的，而投机者买进则以交易为目的。如果某股票经常支付红利，那么信托和基金自然会倾向于投资该股票，因为其收入比较稳定。职业交易员很少会为了红利而买进某股票，他们考虑的通常是股票的增值潜力。在股息发放日临近之时，他们永远都决定不了是否将股票卖出。他们希望股票价值猛增，但由于买进投资股票的大多是投资信托公司、银行等熟悉股票价值的行家，因此投机者找准了对他们来说更有利可图的投机股票。投机股票的购买者主要是普通大众，他们对股价是超出还是低于股票自身价值几乎一无所知。与投资股票相比(从百分上比看)，投机股票和低价股票的价格更容易被哄抬上去。从很大程度上来说，一旦支付红利的投资股票价格超过其股值，为了避免股息收入受到影响，投资信托公司会立即将股票处理掉，因为他们持有股票的目的就是为了获得股息。于是，由此而产生的股票供应便会将"估价过高"的股票拉下马。

普通股的价值并不是永远都取决于一套固定的市盈率。如果某种股票的市盈率达到15倍，那么通常就可以被认定为合理的。然而，在战争时期，市盈率往往仅能实现1/5。在不同时期并就不同产业来说，市盈率的计算规则也会产生很大的变化。

作为一位交易者，你在股票上的主要利益不应是股息，而应是股票的增值潜力。美国电话电报公司的股票卖到160美元甚至更高时，其支付的股息为9美元，而股价为103美元时股息仍然没有变化。如果你出于得到9美元股息的目的，在股价为160美元买进了股票，那么当股价降到103美元时，即便得到了同样数额的股息，（从交易者的立场来看）你仍然损失了48美元。

当你认为能够以更高价格卖出时买进，而在你认为股市会下跌时抛出，这样你就能：(1)有机会以相同的资金买到更多的同组股票。(2)兑换成现金利润，增加你的交易资本，以买进更多的股票。你可以看出，这是一个"要么成倍赚要么本儿全赔"的游戏。在适当时机卖出便可以"成倍赚"，而一旦你忽略了重要的卖出时机，你就会"本儿全赔"。

并不是所有股票的价格都会同时产生波动。当整个股市都如同音调和谐的交响乐一般协调运行时，某组股票会比其他股票上涨的幅度更大，有时某组股票还会"逆势而行"。这里所说的组，即按照行业的不同而对股票进行的分类，如石油、钢铁、铁路、航空、公共设施等行业。

有时，市场对于铜的需求量会大于钢铁，而有时对钢铁的需求则更大。有时，与以城市人口为主要客户群的商场相比，农业设备(拖拉机、农业机械)以及以农民为主要客户群体的邮购行业状况会更好一些。这一农业组群的兴盛是偶然的，它基于农民生活水平的提高。如果市场对粮食的需求量大，农民就可以赚到钱，并用这些钱购买设备(拖拉机等)，还可以通过邮购公司订购家庭必需品。因此，与农业设备及家庭必需品相关的普通股，其价格就会受到农业繁荣的"调整"及"设定"。如果某社区的农业开始走向繁荣，那么农业设备和邮购行业的股票就会引领潮流，这一有利的氛围还会带动其他相关产业的发展。

有的工业、铁路或公共设施团体，曾经由于其实际收入增加或前景看好而发展迅速，那么这些产业发行的股票也会随之看涨。例如，从1937年10月起一直到1939年，航空业的发展比其他产业的发展都要快，由于有关战争的谣传以及大量现成的订单，这一行业的前景无比广阔。从1937年10月到1938年3月，波音公司的股票从16美元涨到37美元，其表现超过了大部分股票。与此同时，在市场走低的情况下，美国联合航空公司的股票依然从10美元涨到了26美元，道琼斯股票平均价格指数从117点降到了98点。另一方面，同一航空集团在1940年4月达到"顶峰"（而且可能是其"成熟期"），并于1940到1941年之间开始走下坡路。在1942～1943年战争期间，航空制造业的股票并没有多大起色，因为1938～1939年的战争局面这时早已发挥过了作用。除非可以预测到航空业在战后新的发展前景（如战后货运和环球旅行），否则与该产业相关的股票将不会再有进一步的发展空间。有关战后的铁路及水运行业的股票，其前景直接取决于航空业将在多大程度上成为客运和货运的载体。

我相信，上述例子已经能够充分证明我的观点了。当大部分股票都在随着市场的整体趋势运行时，身为交易者的你就需要找出具备最佳升值"时间因素"的那组股票，你可以通过市场自身的动向来做出这一判断《巴伦氏周报》会以百分比的形式，将各组股票的动向——列出，因此对这些数据进行研究及分析是明智的）。

如果你观察到其他的股票都在跌，而航空业股票却一连几周都保持稳定，这就表示等到股市开始看涨时，航空业股票会比其他组股票升得更高更快（以百分比计算）。所以，你应该买进的就是这一组股票。例如，在1941年1～2月股市下跌时，铁路股表现得比其他组股票要好。那么，这组股票在股市看涨时要比其他组股票涨得更高（以百分比计算）。1941年铁路股的"动向"就已经预见了其在1943年良好的市场行情（我建议你经常阅读《巴伦氏周报》，有关市场动向的统计数据总会占据整版的报道）。

现在，让我们开始进一步的探讨。在专门对某组股票进行调查时，你会发现有些股票比同组中其他股票表现得更好（以百分比计算）。因此，你应在买进时对这些股票给予特别的青睐。比如，1941年2月，艾奇逊股跌落的幅度并不比其他股票大；同年2月19日，该股票在下跌股市中保持了上涨的态势，因此它就是个绩优股（在那段时期，艾奇逊股的价格为20美元，而我当时预计它会涨到75美元）。1943年7月，艾奇逊股涨到了68美元，整整翻了三倍多。

这会将人们带入另一个误区，即常常因某股票"便宜"而买进。这种推理看似也有"道理"——但仅限于第一感觉。很明显，如果你以较低的价格买到了同等价值的东西，那你确实是捡到了"便宜货"。然而，在华尔街是没有折价专柜的。你所支付的价钱既不会多于也不会少于股票当时的价值，而股票到底值多少钱说到底取决于你将其卖出的价钱。买进某股票，不是因为它现在很便宜，而是因为看到它的增值潜力。在股市整体呈上涨趋势时，便宜的股票可能仍然处于便宜的价格水平，这时你会发现你的资金受到了"冻结"。

如果一个人买卖最高级别的股票都无法获利的话，那么他也肯定不会从低价股票的交易中获利。如果产业巨头们发行的股票都停滞不前，那么其他股票的稳定又有何前景可谈呢？虽然这听上去合情合理，但确实也会有一些特例，选择哪种股票在很大程度上还要取决于"时间因素"。

当牛市发展到鼎盛时期时，如果你不能确定上升态势是否已经走到尽头，与其买进那些投机股票，还不如把钱投在投资股票上更安全些。当然，在这样的时期，完全退出股市才是最明智的选择。在熊市中，投资股票并不是跌幅最大的股票，因此把钱投在这类股票上并密切关注股市动向，这样的做法才是比较安全的。即使投机股票或廉价股票的价格已经开始下跌，你仍然可以处理掉投资的股票而不至于损失过大，因为这些股票"追随"而不是"引领"熊市的动向。同样，如果你发现，低值股票甚至绩优股都呈上升态势，而投资股票却已停止上涨，你就应该提起警惕，股市的涨势可能已经升至顶峰，而且可能即将开始下跌。早在1936年11月，从投资股票停止继续上涨的现象来看，随后到来的1937年熊市已经可以初见端倪。

在熊市接近尾声以及牛市刚刚开始时，情况刚好相反。这时投资"低廉"股票往往比投资绩优股更赚钱（以百分比计算）。原因很明显：

(1)"低廉"股票会比绩优股跌得更惨，因此，当股市开始看涨时，其价格也会回升得更快（以百分比计算）。(2)参与股市活动的股民也是不容忽视的因素，他们通常都比较倾向于买进"便宜"股。正是由于这部分股民对廉价股票的需求（而不是他们脑力使然，当然最好不是），这类股票无论自身内在价值如何，其价格都一路攀高（以所投资金的百分比计算），这一点是相对稳定的股票所无可比拟的。现在你应该认识到，正是需求引发了股票价格的上涨。尽管需求是一个至关重要的经济因素，但它并不会区分哪些钱是明智的投资，哪些不是。需求就像一头骡子，无论谁给它刺激它都会做出反应。(3)在熊市接近尾声时，绩优股的价格不会出现大幅度的下跌，它在逆境中也能保持坚挺，有的甚至可以在整个股市都走低的情况下独自攀升（不过这也是股市即将全面上涨的信号）。因此，在熊市结束及牛市开始的时期，绩优股上涨的幅度不会超过其自身之前的价位，因为它们必须等待"股市大军"中其他股票上涨到相同的高度（以百分比计算）。

在这一时期，明智的做法就是去买进廉价股票，从而在股市的第一个上涨阶段迅速获利。5美元的股票上升一个点，你就有20%的获利，而价值30美元的股票上升一个点，获利仅有3%多一点。

不过你还要记住，在股市猛涨之后迅速将"廉价"股票卖出，转而买进真正具备经济基础的更高级别股票，以保证获取更高的收益，这也是一种明智的做法。"廉价"股票的持股时间不要拖得太久，因为在股票价格不稳或下跌的情况下，这种股票大都会比稳定的股票跌得更惨（以百分比计算）。在股市上涨的过程中，所有的股票和团体都会呈螺旋上升的态势不断地参与进来。股市就好比车轮，在它上升时你要能抓住上面的辐条，并在其开始下跌之前放手；否则，即使整个车轮（股市）都在上升，而你抓住的辐条（股票）却在下跌，那么你还是一无所获，因为你必须重新等待车轮的下一次转动。

最有效的策略就是，只选择少量股票进行交易，然后全面研究其习性和特征。除非你已经熟知很多股票的习性，否则不要随意买进各种不同种类的股票。股票就像是你的妻子，当你了解它之后，你会发现它既有优点也有缺点。"了解你的敌人总比不了解好"。因此，交易的股票越少越好。在一组股票中，最多只能选一两种领先股。用不了多久，你就能学会通过股票图表分析股票特性，然后挑选适合你习性与风格的股票进行交易。

毫无疑问，股票是在不断变动的，但变动的形式却年年不同。例如，我们假设美国钢铁股已经上涨了10%，那么在这种情况下，最明智的做法通常就是，立即将股票卖出取得利润，然后买进另一种还没开始上涨的股票。当钢铁及其他领先股的状况稳定、并且或多或少保持稳定时（或者甚至发生了倒退），另一组操作者和交易者就会将第二波股票推向高潮。当特定的经济因素成为上涨趋势的"动因"时，机会往往就来了，至于这些因素是真是假、是现实的还是投机的，这都不重要了。与其死攥着不再继续上涨的钢铁股，此时买卖二线股票就会更为有利。总体而言，"车轮与辐条"的比喻是形容股市的典型范例。在环境对一组"辐条"整体有利的情况下，"车轮"上的这组"辐条"就会前行，而其他组的"辐条"就会停止不前，除非新闻头版出现关于它们的肯定评价。从这一点上来看，股市也可以比作战争中的一组军队。主力部队（即当时最引人注目的先锋）会先在战争中占据有利地位，而其他队伍紧随其后（甚至包括其伙夫部队），以巩固在战争中的有利地位。就像研究军事战斗一样，你必须将股市作为一个整体进行综合研究，而不能依据某一次胜利片面地去评判。如果你想采取行动，先观察先头的主力部队。一定要抓住主力部队还在第一线的时机，而不是在后方休息时进行交易，要像将军在战斗时更换精疲力竭、需要休息的部队一样，及时更换另一组股票进行交易。

有人喜欢盲目地将资金分配到尽可能多的股票上，希望即使在一些股票下跌的情况下，大多数仍会是上涨的，这样一来他们"不管怎样"都能获利。当然，这样做总比把全部财产都押到一或两种股票上要更保险。然而，如果一个交易者毫无缘由地持有多种股票，那就表示他对自己的判断没有信心（更像是赌徒般的担忧情绪）。因此，除非你在买进时可以把握时机的准确性，否则就不要买进那种股票。一旦确认，交易者就应将资金分配在那些最优组中的最优股之上。就"时间因素"来说，这些股票可以显示其他股票的上涨势头。一旦交易者发现他自己的判断错误，其他一两组股票要升得更快（即使我们当中最棒的人也难以抓住时机的尾巴），他就应该坦然承认这一错误，克服自负及骄傲的情绪并调整心态，重新在那组有涨势的股票中进行选择。

最保险最明智的做法就是，只将你资金的20%投在一种股票或一组股票上，如果只投10%或15%的话就更明智。但是，盲目地分散投资并持有多种股票，那就表示你的认识不够，信心不足。除非你的手（或头脑）中已或多或少地掌握了形势，否则就不要进行交易。你应对交易进行规划，就像规划你自己的生意或职业一样。通过知识的积累来获得自信，然后明智地进行交易，否则你会"毁掉"自己所有的最佳交易时机。

至于该买哪种股票这个问题，我想强调的就是，不要仅仅因为某种股票的股息发放日快到了就去买那种股票。众所周知，不带股息的股票的售出数量与股息完全成正比。不要因为某种股票支付了高股息就去买进，应该看重基于公司收入前景的股票升值价值，以及该股票预期的股息支付能力。不论支付过的股息有多高，股票都有增值或贬值的可能。那种人人都想买的好股票在"免息"三天之后就会吸掉所有的红利。你需要时刻关注这些"股市动向"的征兆。从价格的增值水平来看，不支付股息的股票的收益要比其他股票支付的股息多得多（生活中也一样，预想或正在追寻着的快乐总比实际结果所产生的快乐更多）。记住，你在经营的是股票，而不是股息。如果你对后者更有兴趣，那么你就属于投资者一类的，你就应该去买进投资性质的股票，并将其"储藏"起来，而不要拿来进行交易。我（对于交易者）的建议就是忘掉股息，你的目标是股票的增值。你应将自己研究的范围锁定在那些能够控制价格变化的领域上，如经济、政治以及技术（市场化）因素。

股票有其自身固定的模式，有些股票上涨或下降的幅度会非常大，呈现一种垂直状态（这一点涉及到图表上的形态分布，稍后将会有所讨论），其他一些股票则会变动缓慢，多多少少呈水平状态。因此，在买进股票之前，你应该知道该股票的特性及其变动模式。有些股票一次会上下跳过几个点，有些则变动缓慢，一次仅浮动0.125或0.25个点。对于特定股票在这方面的变动趋势，你必须提前进行研究。因为，没有哪两种股票的运动模式会是相同的。如果你喜欢赌马，你就会明白我的意思。你会把自己的钱押在你所熟悉的马上面，炒股也是一样。不过，你必须要知道你所交易股票的运动模式，只有图表能够显示出股票这种特性。

某些股票的发行量很大，比如美国钢铁股或通用汽车股，通常一次浮动0.125或0.25个点。这些股票是用来研究的最好范例，它们通常很稳定，因此拿来作分析再好不过（美国钢铁股下降0.125个点通常都预示着未来3.5个点的下浮）。发行量小的股票一次浮动会达到1个点或更多。总之，在买进某种股票之前，你必须对其浮动规律有所了解，而找出这一规律的方法就是在一个图表上作记录。这样一来，你就能清晰地观察到股票是如何变动的。熔炉斯博股下降3个点，这从技术上来看没有多大问题；而相似的下浮幅度如果出现在通用汽车股上，那么问题可就严重了。熔炉斯博股的浮动（无论是上浮还是下浮）幅度会远远超过美国钢铁股。因此，股票价格并不能作为唯一的评判标准。

愚妄人的恼怒，立时显露。通达人能忍辱藏羞。

—— 《圣经》箴言 ——

跟着"大人物"
学捕鱼

　　在做股票交易的上百万人群之中，既有大银行大公司的总裁、金融大亨、杰出的律师和政客、外交官、劳工领导，也有独裁者、民主总统、军队将领、国会众议员及参议员、市长、牧师、部长、法学博士和各部门首脑(我自己的客户就几乎可以证实我所说的话)，这些人的观点可以代表业界、政界、金融界及商界的智慧前沿。尽管他们的思考方式各有侧重(并且可以在他们的私人办公室里独自思考)，但在吸纳自己眼前的事实之后，这些人就能够发挥一个集体的作用。他们体现了全世界工商、政治及资本领域的所有知识(如果你愿意的话，称之为集体心理也不为过)。

　　例如，美国钢铁普通股的价格，在很大程度上就取决于工厂运作与生产能力的比例，以及预期的收益。有些人在消息公布于众之前就有机会知晓，如交易者、官员等等(关于这些人的信息本身就会成为金融报道的头条)，他们当然可以充分地利用自己所知，相应地采取买进或是处理股票的行动。他们正确地意识到，一旦他们掌握的消息公布于众，股票的价格就会发生上涨或是下跌的变动(如果是你，你也会意识到的)。

　　市场上的任何一种股票，其价格归根结底取决于其预期收益或预计状况(无论这种预计是真是假)。当对于某种股票预期收益的期望减小时，该股票的供应便会有所增加，而当这一期望增大时，该股票的需求也会随之增大。对于大众来说，只有一种办法可以得知有关任何一家公司的预期收益及状况——那就是指望这一信息(在特定时间)的公布。然而，这一信息(无论是好是坏)的公布，对于股票的价格都不会产生任何较大的影响，原因有二：

1．该公司内部人员及其朋友几个月前就已得知这一信息。他们怎么知道的？因为他们不仅熟悉公司的日常销售状况，而且还了解公司的运营支出数额。每一个行业都有其固定的赢利对销售的比例。为了得到赢利，有些公司要运用80%的生产能力，而有些只用50%即可。通过观察公司销售额下降或上升的现象，那些官员与内部人士就能够很好地预见到自此三个月后股票的价格——因此，他们可以通过"现在"的情况"折射"出未来将会出现的信息。

2．大型的投资信托公司、银行及主要的投资者们常常致力于获得这样的信息，如国内各大公司利用的生产能力、销售及支出状况(这一信息通常不为公众所知，因为一切有价值的东西往往只掌握在少数人手中)。他们会提前对某一公司的状况进行评估，通常会提前几个月的时间，然后根据形势买进或卖出股票。这也是一种股市提前"了解"一切的方式。等你在电视或报纸上看到某公司的收益状况时，那么以当前的股票价值来看，这一信息很可能早已过时了，因为形势常常会发生转变。订单有增有减，对于预期收益的期望或大或小，股票的实际动向与你预期的情况可能恰恰相反，因为你只是参照了所公布的信息。如果这一信息说情况不好，大众便会将自己手中的股票卖出，而更熟知状况的"他们"就可以在有长进的情况下"不断买进"。或者由于听信了情况很好的信息，大众开始买进股票，而"他们"知道这样的信息并不能体现该公司当前的状况，因此便会大量抛出。

关键就在于，很多在股市上交易的人依靠他们的地位，可以提前获得政治或经济方面的信息，而这些信息最终会导致股票发生上涨或下跌的变动。这也就是"市场动向"占据有利地位的原因

所在。如果你能学着研究这一动向告诉你的情况，你就会注意到，提前掌握了信息的"他们"要么就是在买进，要么就是在卖出股票。因此，最恰当的做法就是追随他们，做他们正在做的事情，不要逆"市场动向"而行。这样，你就有更大的机会获得交易的成功。

如果你学会了观察价格波动及其背后的动力因素，你就能够看出什么时候市场在卖出，尽管它可能看上去更像是在买进。在这种情况下，有经验的交易者就会卖出，他并不会买进，而是处理掉手中长期持有的股票。大型的交易及投资信托公司会对大众隐瞒他们的行动，但他们却瞒不了精通市场理论与实践的人。只要你能学会了解市场的动向，那么你最好的向导就是市场本身。通过大量的实践，用不了多久，你就能通过了解市场动向，从而预知各公司的预期收益潜力。

你是否能在股市中赚到钱，取决于你如何解释市场动向，因为你的这种解释方式对于获利来说是至关重要的。如果你的解释十分"混乱"，那么你的心智、神经及经验又怎能使你及时扭转局势、不再遭受损失呢？这一点是非常重要的。我们每个人都常常会犯错误，这并没有什么不对的。如果你能将错误减少到交易量的20%或者甚至40%，那么你就是成功的。如果由于"我说的话"导致你坚持自己的错误，那也是毫无用处的，这样去做的可能只有唐·吉诃德，而不是优秀的交易者。要顺水行舟，而不要逆流而行，这样你才能够快速而又轻松地到达目的地。要树立正确的目标，在你所钟情的股票中选择"顺风"的那种。

尽管在家里、办公室或工厂中，你是"老板"（即使是这样，有多少次，如果你当初听取了妻子或员工的一点建议，那么现在的你说不定还会有更大的长进呢），但在股市中你并不是。你无法与股市"抗争"——你必须谦恭耐心地遵从它。你必须能够常常推翻自己先前的某些观点，你应当为自己有勇气这么做而感到自豪。你的妻子可能会原谅你的"固执"，你的员工或许只能"要么听话要么走人"——但股市却永远不会这样。不要让别人知道你的"错误"，这样你在认识到错误时就会有勇气改正。如果别人知道了你的承诺，你可能不得不(无意识地)坚守自己曾经表达过的观点，只为了要向"他们"证明你是一个"大人物"，这时你的自尊就可能会占领上风。从市场的角度来看，"自尊"是一种责任，而不是一种资产。你的那些"观点"或许一直是正确的，但并不"及时"，它们很可能只适用于"昨天"或"今天"，但真正重要的却是"未来"。关键并不是你现在的所思所想，而是正确地预见"他们"和"其他人"的所思所想。不要固守逻辑，你在逻辑上可能是"正确"的，而在实践上却是"错误"的。要致力于了解事实上正在发生的一切——就像"无论是对是错，祖国就是祖国……"——必须要了解。

关于"供应与需求"图表的研究——由"供应与需求"推论而来的上千"理论"都隐藏其中——这一研究的产生源于有关价格与交易量的波动。与价格变化相比，交易量波动的问题更为重要。少量股票的价格可以时涨时跌，而这并不会影响到剩余股票的真正价值。以每股85美元的克莱斯勒汽车股为例，你或许可以为500股找到买主，但你能以同样价钱为10000股找到买主吗？当然，你可以将一些股票卖给少数土老冒儿，但你能成功地将大量股票卖给"卓越理财者"吗？股票交易量的持续增加会最终导致价格的变化，这也取决于该股票是否已经出售或定价。一些可靠的咨询服务机构会先对股票的交易量及价格波动(供应与需求)进行研究，然后再将他们"绝密"的分析结果发给你。

在不同的价格波幅内，股市(通过其自身的变动)会不断地创造新的供应与需求水平。例如，如果通用汽车股在每股35美元时不再下跌——这种现象发生在牛市中就会刺激购买。有些人会这样考虑，如果通用汽车公司不想其股票继续下跌，那么一旦对其股票的需求量增大，股价就一定会上涨。"投机者"在此时做出买进的决定，这种现象本身就有助于股价的上涨。"市场上"的每位买主所支付的都会是"要价"，而不是"标价"。随着对股票需求的增长，要价与标价也会持续不断地有所上升。如果"买进"行为持续增加直到股价升至38美元，那么就会有两类"卖出"的交易者在这一价格水平出现：

1．那些为了赚取两三点赢利而在35美元时买进的人，他们会在此时兑现赢利，于是创造了一定的股票需求量。

2．那些在先前市场阶段选择了错误的时间、以38美元买进的人，他们希望此时结束股票（在下跌到35美元时）曾经带来的"恐惧"，他们认为股价还有可能再次下跌。这些人是一些"缺乏耐心的患者"，他们曾经耐心地等待股价上涨到他们曾经支付的水平——但当期盼已久的机会真正到来时，由于没有接受过市场训练或缺乏远见，他们看不到上涨一定会出现的趋势（这种趋势确实会常常出现）——于是，他们便急忙将手中的股票脱手，希望至少能落个不赔不赚的结局。

因此，就像我说的那样，随着股市的前进与倒退，它总是会创造出新的供应与需求水平。如果你在图表上（而不是在记忆中）对某种股票进行"追踪"，那么你很快就能"看出"那些"供应点"（并且能够深入观察到库房中有多少存货）——然后提前一点卖出你的股票，填补正在等待的"供应"缺口。不要过于贪心冲破底线，因为一旦某种股票到达了一个供应区，该区的供应量就会使该股票的价格变得较低，比供应区的最高点还要低很多。这时，作用与反作用的规则——即钟摆规则——就开始发挥作用了。

更为精确地说，这并不仅仅是一个自然供应与需求的问题。

从根本上看，这个问题关键在于股票会"套在"何处——在保证金账户中或为潜在卖主（大众）所短期持有，还是会在华尔街智者（优秀的交易者及投资者）的保管库中。

我想利用经济学的一些基本原理作一个更为具体的比较。当鱼贩子手中（而不是湖中）有大量鲜鱼存货时，鱼的价格就会很便宜；而当鱼贩子手中的鲜鱼存货很少时（尽管湖中的鱼成千上万），鱼就会卖得很昂贵。在我所说的这个比喻中，"供应与需求"的规则显而易见。这是一个基本的经济学原理，将其用到任何一种股票之上或许意义并不大。对于绩优股（任何交易的股票）来说，其数量的增长或下跌既不以天计，也不以周、年计。然而，这些股票的价格却此一时彼一时，这究竟是为什么呢？

要想说明这个问题，一个恰当的例子就是1937年10月19日的开市。那天早上，股票骤跌10个点甚至更多。然而，到了当天下午两三点钟时，同样的这些股票又回涨到了其之前的价格水平。这难道真的是供应与需求的自然结果吗？难道说与上午10点相比，下午2点会产生更多的绩优股？在同一交易时段，股价忽涨忽跌，如此剧烈的变化背后会不会有什么基本的经济原因呢？例如，纳什股早上跌到了5美元，而下午又涨回了10美元，这其中有什么合理的商业、经济或政治解释吗？没有合理的原因可以解释，为什么上午10点至下午2点期间供应会大于需求。而且，上午10点（任何公司）的股票不会比下午2点多，任何无法预料的坏事情不可能只在发生上午10点，而无法预料的好事情也不可能只发生在下午2点。

上午10点时，手中持有股票的人会有所动摇，这可能是因为他们的保证金遭受到了损失，或者仅仅是出于他们心中的恐惧。到了下午2点时，大多数的保证金账户都已强制卖出，"心怀恐惧者"已将股票卖给了更强劲更优秀的交易者。上午10点悬浮于股市上空的"浮动供应"到了下午2点就会消失。充满了水蒸气的云团会在上午10点形成，并到下午2点时降下雨水。此后不会再出现更多的云团，风暴会慢慢平息。这时，股票就会在库存中"休息"，除非有获利的良机出现，否则一连数月以至数年都不会受到任何干扰（"积聚"就是专指这一现象的术语）。1943年时，那些纳什股卖到了每股15美元。

如果你在价格上涨、市场繁荣时买进，那么你可以想象到，"浮动供应"迟早会落到短期持有之手，所以你应该能预见到潜在的卖出现象。另一方面，如果你在"间歇"之后买进，那么你就可以想象到（相对于这一间歇来说），股票（浮动供应）就会落在长期持有之手（不会轻易脱手）。对于这些极具财政实力的买主（积聚者）来说，如果只用抑制"供应"的方法（除非更高的价格出现），他们很快就能带动股票价格上涨（涨价期）。首先，经纪人无法"强迫"他们去卖出，因为他们并没有使用"保证金"。在湖里有足够多的鱼，但在鱼市上的鱼却很少。因此，你手中握着一些好伙伴，将它们抓牢，并带着它们一起去旅行。

如果你仅仅是观察到了价格上的变化，那么你还没有看到一切，也没有认识到并推论出一切，因为每位买主都会找到一位卖家，而每位卖主也都会找到各自的买家。一个人又怎么能看出股票是否已被"买走"或"卖出"，是否得到了支持，是否受到了检验或已脱销。仅仅从价格上的变化看，你并不能判断出别人的动机或计划是买还是卖。然而，一旦你开始研究股票交易量及其意义——即交易的特征及其表现形式——那么你眼前的道路就会更加清晰。不过，你无法仅仅从股市的某个或某些阶段得出总结性推论，因为股市上的活动可能纯粹是"技术性的"或是"人造的"。尽管如此，通过有关数月或数年的书面价格图表，你就会找到你想要知道的一切。真正的问题就在于，你能否"读懂"那些图表的意思。

例如，一位经营者(或投资信托公司等)想要积聚10万股通用汽车股，那么他自然不会将这一目的泄露给任何人，因为这既符合他自己的利益，又是他计划的一部分。这位经营者必须对自己的计划保密，因为假如公众或其他经营者发现有人急于买进10万股，那么股票的价格就会上涨。结果，他不会对股票进行投标，而是会在预定的价格范围内买进股市上现成的股票(或者仅仅是其中一部分)，价格会按比例有所增加或减少。或许，他甚至会卖出一些股票，因为如果股票"很难买到"，其价格就会上涨。这会使股市暂时换上一幅"软面孔"，释放一些该经营者所积聚的股票。

相反，当实际的卖出行为正在进行中时，买进看上去可能也在进行(有时用其他股票交易作为"烟雾弹")。比如说，一位经营者想要处理掉5万股，因为他认为股价稍后便会下跌，那么他也不会一次性将这5万股全部处理掉。因为，这样的做法是不会招来(或者我应该说诱来)买主的。所以，他会制定出一个阶段性卖出计划(即股市行话中的"分派")，尽量使他的股票(或者其他领先股)在当时的情况下看起来更强劲。一旦股票受到倾销，股价便会急剧下滑，而遭遇这一现象的很可能就是股票的买进源头(通常是大众)，他们会因这种股票缺乏活力而感到失望。然而，这一股价下跌又会转而促进购买，因为有人会从稍后再将股票卖出获利的角度出发。

通常情况下，投资信托公司及其他大经营者总是在做"转换"交易。在积聚通用汽车股的同时，他们会对库存中其他股票进行清算。这就使经营者们有机会利用"买进"，从而增加他们进行"卖出"交易的实力。

要想在股市中获得成功，既不要做领导者，也不要做开路先锋。你越是温顺谦和、少一分霸气并使你自己成为一位追随者，

那么你成功的机会也就越大。你最大的资本就是，一个善于"闻出"正确方向的灵巧鼻子。在交易的领域中，领导能力、先锋水平以及冒险精神不仅是毫无用处的，而且还会让你付出昂贵的代价，因为你所面对的是一些强大的力量。像《圣经》中的大力士那样去战斗毫无效果，杜兰特曾经试图阻止股市上通用汽车股的下跌趋势，结果白白浪费了几百万美金。市场有其自身的运行规则，这些规则总是束缚着杜兰特。洛克菲勒将石油股"拔到"了50美元——仅仅一次，后来他更为明智地等待股价回落至其正常水平。

家庭建立在智慧和同情的基础上。

有知识的家庭，屋中必定充满着贵重的宝物。

明智胜过强壮（希伯来文是：智慧的人大有能力）；知识比力气重要。

—— 《圣经》箴言 ——

炒股的
"五比一"定律

　　要想对市场动向做出判断，你必须考虑到其(前几年)每一阶段的走势，这些因素对当前的市场动向都有影响。

　　1937年的熊市在1939～1941年期间仍有影响，而这一现象仅仅是自1929年10月开始的熊市的后续。各图表之间相互纠结，彼此关联，它们都以1929～1932年的情况为背景。这一背景本身又以先前的市场动向为基础，可以一直追溯到(1)1857～1864年；(2)1864～1877年；(3)1877～1881年；(4)1881～1896年；(5)1896～1928年。

　　在此，我就不再深入讨论这一复杂的主题了，就这个问题完全可以另写一本书。然而，我的确想要向你们肯定的一点就是，当前的市场不仅与1929～1932年的情况相关并由其直接导致——而且还根源于1859年以来我们那些交易"先锋们"长久积累的宿疾。关于这一点，铁路就是个很好的例子。如果不是19世纪后半叶"帝国建造者们"的"榨取"，铁路应该还处于一种完好的状态。"榨取"和往股票里"掺水"是我们的一部分传统(称之为重组)。

　　这一推理并不牵强。如果你是心理学系或宗教学系的学生，你就会知道，我们至今仍要为夏娃给亚当的第一个苹果而付出代价，拜金主义的盛行从来没有停止过。十大戒律的守戒状况仍是"支离破碎"。这样看来，追溯我们85年前的工业周期与现在进行比较是否遥不可及？在观察从1857年至现在的股价图表时，你会注意到，有一条像蛇一样的神秘曲线蜿蜒伸至1929年，在那一年

"蛇"的嘴巴张得极大，与往年相比十分不成比例，随后这条"蛇"便"断气"了。

那些拥有购买力的人会独自或联合制定一些计划，市场则对他们的计划做出相应的反应，我们称这些人为华尔街的"他们"、竞争中的"自由力量"、"多头"与"卖空者"、推广人和"笨蛋"——这些都仅仅是个名称而已，意义不大。他们的目标才是最重要的，那就是在市场上以低价买进高价卖出或高价卖空低价补进(买进)的方式赚钱。他们控制着价格变动的幅度。然而，你需要做的就是，找出"他们"(联合购买力)正在做什么(市场动向)。在市场上，无论由谁来拿出现金，购买力总是赢家。你一定要仔细地观察市场，确定市场走势，估算出"他们"的反应及行动——可以从市场动向中看出，从平均指数的涨落或交易量及交易特征中看出。

在买进股票之前，你需要客观地权衡所有的因素，并决定你自己愿意承担多大风险。比如说，你认为某股票的价格将会上涨——可能上涨8~10个点，那么你就会以先前的下跌抗升点为基准进行购买。因此，你所要承担的风险一定不能超过2~3个点。如果事实证明你关于2~3个点的判断是错的——那么你对于8或10个点的判断或许也不可靠。为什么要增加你自己的损失呢？显然，股票的状况、价格及特性决定着你所需要承担的风险。以8个点的损失为例，与每股100美元的股票相比，每股20美元的股票所要承担的风险会更小(要学会通过成本的百分比来计算风险，而不是通过点数来计算)。此外，如果某种股票的交易量很小，那么与交易量达到上百万份额的股票相比，前者更容易让你亏损8个点。总之，你必须能够保证，当你买进某股票时，你可以打算在随后的卖出中获利。显然，你之所以会买进的原因就在于，你的股票图表或者你的经验告诉你，从此刻起这种股票就会看涨。

如果你所买进的股票不愿证实你的判断——打消你的念头——将其归为不成熟的想法。你所选择的股票本身可能并没有问题，但当时的"时机"不对。你所买进股票的价格还没开始上涨可能仅仅是因为，该股票的"购买力"或"利润"由于某种原因还未迅速增加。

除非你至少有五分之一或六分之一的成功几率，否则就先不要急着买进。从技术上来说，如果以50美元买进某股票，你可以等待其上涨到60美元或更高，但它却下跌到了48美元——那么，马上结清这笔交易。你已经做了一桩五比一的买卖，以下跌的两个点来对抗上涨的十个点——这样做是正确的。

一旦该股票上涨到每股52美元，发出一个477.875美元的止损委托，随着股票价格的继续上涨，将止损委托升级到次要的抗升点。这样一来，你所承担风险不会超过两个点。这种五比一的买卖不能被归为赌博，因为它只是一种投机行为而已。那些只是为了获利几个点而买进股票的人才是在赌博，即使他遵照了科学的购买水平，他也面临着同样幅度的下跌风险（这是50对50的买卖）。这只是一个以百分比计算风险的问题。风险越小——长期获利就越多。你冒的险越少——你能待的时间就更长。你的资本所能维持的时间越长——你所收获的交易经验就越丰富。经验是你最大的财富。如果当你获得了经验时，你的资本就已经没有了，那么你还拿什么来做交易呢？你总不能拿石头来做吧。

通常情况下，股票价格是不会一次猛升10到15个点的，它们往往是慢慢地向上涨。华尔街利用"时间因素"等待时机成熟，充分把握每次上涨及下跌动向的心理时刻。当股票上涨了几个点时——"市场测验"就开始了，这一过程总是在不断进行着的。短期持有的股票一直都在被卖出，而只有当股票处于长线操作者（那些期待额外利润的交易者们）手中时，整个市场才会进入一片新的领域。密切关注你所感兴趣的那些股票——（以百分比、而不是亏损点数)对其下跌状况与平均指数及其他股票和产业集团进行比较。强劲股票的下跌幅度更小，而疲软股票的下跌幅度则更大。因此，要买进那些强劲的股票，而不要去买疲软的股票。不要因为某股票当前的价格比其先前的瞬间高价更"便宜"就去买进，因为该股票可能不会参与到下一次的涨势之中。你所追求的并不是"便宜股"——而是股价的上涨。那些跌幅小的股票(从百分比上看，你要为此支付更高的价钱)是更好的选择，它们会在随后的涨势中给你带来更多的利润。

正确理解"市场动向"是获利的关键。

认识
"技术条件"

股往金来

　　对于中间交易者来说，关于股票交易量及其意义的研究（交易特征及其信号）是至关重要的。要密切关注股票的交易量及其背后的意义。某股票仅上涨几百股与其连续上涨几千股是有天壤之别的。如果只是上涨了几百股（比照该股票日常的交易量），那么这种现象很有可能完全是人为的（即使是证券交易委员会掌控下的股市中），这表示真正购买力的缺乏；但如果是上涨了几千股（同样以其自身正常的周转率为比照），那么对于该股票的需求显然有所增加，而这种力量会使股票的价格进一步上涨。要密切关注上涨股票的特征。如果上涨股票（或者那些以10股份额交易的股票）所在的市场呆滞，而普通等级的股票毫无出色表现，那么这就不能算作一个优秀的市场。如果那些"廉价股"（不支付股息的股票）有所上涨，而优秀的保守型股票却有所下跌或停滞不前，这也很有可能是为"敌人"（指的就是你）设置的烟雾弹。如果某种股票只记录了一或两次卖出，而其上涨的幅度只是从3个点升至5个点——这并不能说明什么。如果买主尝试着延迟半小时再将这些股票卖出，那么其价格依然会回落2个或3个点。

　　要密切关注道琼斯平均指数每小时的数据，对其中的股票交易量与股票价格进行比照，这是十分重要的。你可以轻而易举地得到这些数据，因为大盘上每小时都会刷新股票总销售额及道琼斯平均指数，晚报上也会刊登这些信息。要注意当天销售的大部分股票是卖低还是卖高，这会产生尤为不同的意义。这种道琼斯平均指数的交易量及价格表每小时都会更新。你需要判断出哪一方的力量更强大，是买方还是卖方。通常情况下，适用于平均指数的一切也将适用于你的股票，除非你所持有的股票逆势而行。

要在交易量临近枯竭时提起注意，当其减少至每天40万或30万股(这也是相对于股市每日的正常交易量来说)时，你要密切关注股市的动向。通常情况下，如果这种现象发生在一次下跌结束时，股市有可能只是观望其自身还能卖出多少股票。一旦没有更多的卖出交易，一种"真空"就会因卖出压力的缺少而产生，而对于股票的需求就会借助这一"真空"使股市上扬。当然，这种"真空"有时也可能产生于买进的缺少——优柔寡断——股票也可能因此而进一步下跌。

如果你注意到，股价回升至高潮时(或是在牛市的顶峰时)的交易量很大(表现为大量的股票在买卖中)，而股价却没有出现阶段性的上涨，这就表明"交易量"正在增加。那些熟悉内幕的人会立即将自己手中的股票脱手，将其几乎是免费分派给大众，而当大众意识到那些股市可能性时却已为时过晚了。因此，股市随后一定会转入衰退期。

举个例子，如果股市周一时有100万股上涨了2个点，而周二时同样数量的股票只上涨了1个点，周三时得失相抵或赔了一部分，那么这一价格回升的阶段就走到了尽头，随后股市便会进入衰退期。

当股价回升至高峰期时，如果股票的交易量减少，那也是个不妙的兆头。这表示买进即将枯竭，而卖出(获利)将有可能会使股市转入跌势。如果股票的交易量及其价格都有所上涨，这是一个非常好的信号，表明股价将会进一步上涨。如果股票的交易量随着其价格的下跌而有所减少的话，那么跌势就会逐渐消失，股市将迎来一次价格回升。然而，一定要有耐心。无论是优秀的市场还是糟糕的市场，都不会一夜之间就有所发展或改变。市场动向通常会酝酿几个月，甚至好几年。如果你缺乏足够的耐心，仓促地做出决定，那么你在进入股市后不久就会被迫退出，并遭受损失。首先，你需要确定市场运行的方向，如果无法确定就不要贸然涉足股市。

关于特定股票交易量的研究尤为有趣。你不仅需要知道某股票在某一天的交易量，还要了解这一交易量所占绩优股总量的比例。要想弄清楚这一点，关键是要考虑股票交易量与绩优股的比例，以及这一比例与当天所有股票交易量的比例。你要学会以百分比对事实进行判断(用不了多久，你就能将这些数据默记于心，特别是当你所关注的仅仅是20股的时候)。在后面的章节中，我们还会进一步探讨关于股票交易量的研究。

在每天股市收盘之后，你都要对市场动向进行认真的研究，要弄清楚股市是涨是跌、股票销售量以及交易的特征。市场上关于"特征"的主题是十分重要的。如果你所交易的股票缺少"特征"，那么即使是在强势股市中，你也要学会适时地将这些股票全部卖出。问问你自己，你正在做的交易是否牵扯到某些投资或投机问题(这一问题本身就需要深入研究)。当天或本周的前20名绩优股是否大都属于"猫狗类股票"(指销售、盈利和分红记录很短的投机性股票)那一级别的？如果真是这样而且牛市还未开始的话，那么这就是一个不妙的信号。如果股市有所上涨，你要弄清楚这是不是由于"空头补进"的缘故，还是因为出现了来自于大众或投资者的自然需求(空头补进可以从股市的"易变"中观察到)。如果股市上出现的价格回升产生于空头补进，那么股市的"技术条件"仍然会变得更差。"卖空"是一种潜在的购买力。卖空的证券迟早是要补回(买进)的，而如果这些证券已经补回，那么股市上大量潜在的买进就会消除。此外，很多潜在的卖主(卖空者)都再一次地观望着，为他们手中的股票找个好归宿。

正确理解"市场动向"是获利的关键

只有随着实践的积累，并明智地运用那些基本原理，你才能提高自己的交易能力。

"投资"或"投机"股票有其自身一定的特征。买进投资股票的人通常是我们所说的"好人"或有钱人(这里的"好"并没有个人性格方面的意思。耶稣基督有句关于骆驼与针眼的名言，他曾说过富人不能上天堂，这或许适用于大多数的"好人")。这样的人不至于会被一次股价反转吓到，他们不会用保证金买进，而是会将他们所持有的股票安全地保管起来。他们可能会持股好几年，因为他们买进的目的是为了获得股息或长期的价格升值，所以他们并不太关注那些微小的涨跌变动。投资信托公司、大学基金及基金会、不动产及信托公司也会将大量的资金投到"投资型"股票上。如果你注意到"状态良好的"买进正在进行之中(投资股票处于积聚之中)，那么你可以更放心地去交易投资股票。当那些"好人"都在买进时，他们通常都有买进的"好理由"。

有了这一想法之后，你或许就能对投资股票给予关注，并观察这些股票的表现。如果杜邦股、电话股等有所下跌，你就会知道有些"好人"正在处理他们所持有的股票。相反，如果这些股票正在逐渐上涨，那么你就会知道那些"好人"正在买进。无论他们是买进还是卖出，那通常都是他们深思熟虑后所做的决定。

投资股票与投机股票(包括"猫狗类股票")的相对买进量及其价格上的相对增长，也可以部分地充当判断市场是否健全的指南。相对来说，如果股市上投机型股票的买进占有相当大的比

例，那么该股市并没有处于健全的状态之下。专门交易"猫狗类股票"的市场是最危险的，因为投机买主一旦看到疲软的信号（或者获利目的增强），就会立即转变成卖主，这样便会使整个股市转入下跌之势。大量投资股票的买进会使直接卖主的数量减少，因为买进是在或涨或跌的比例之上进行的，目的是通过股息及实际价格增值而获取长期收益。

要密切关注当天报纸上刊登的前10、15或20名"绩优股"，其中"点数"是否超过了"折价"，如果是的话，那么该股市的业绩就很不错了。然而，如果连续出现过多的"点数"，那么你就要小心了，因为这表明该股市"好得过头"，随后将会出现一次跌势。当你开始注意到"点数"多于"折价"时，一定要有所警惕，因为这表明股市正在变得越来越疲软。你还要密切关注（报纸上）关于市场动向的"分解"。在所交易的全部股票中，有多少是"上涨"的，多少是"下跌"的，还有多少是"停滞不前"的？同样，大部分股票连续上涨证明，股市上发生的"买进过多"。大部分股票在数周或数月期间连续下跌意味着一个买进点的出现，因为此时市场上的股票已经"卖出过多"（不，这两句话并没印错）。通过所交易股票中增益股、亏损股或中性股的数量，未来市场的动向便可以得到预测。如果"停滞不前"股在跌势股市中的数量稳定的话，那么这就是一个买进的好时机。如果同样现象发生在价格回升延长的顶峰时，那么你就最好立即卖出。密切关注每周前20名领先股，研究其交易的"特征"。在这20种领先股之中有多少是"廉价货"？如果超过80%的成交股票都是这种廉价货，那么这就表明该股市"不可信"。

一定要有耐心。若想充分地了解市场动向，你就需要进行足够的实践及研究。至今你所读到的只是一些基础知识，而能否获利则取决于你是否能够全面地吸收这些知识。如果你能在一年之内"将我所传授的内容付诸于实践"，那么你就是一位天才。如果你用了两年的时间，那么你也是具有超常能力的。但是，如果你需要比这更长的时间，那么还是趁早放弃吧。要想在市场上赚到钱，你的交易能力就必须要超出"一般水平"。因为，通常只有5%或10%的交易者才能够成功到达市场之"圣地"。

关于图表价值及怎样解析图表的内容已经写了不少，其中所发表的每一类都是为了说明其所形成"格局"的意义。图表的重要价值主要在于"眼比手快"，中国人对此有句非常恰当的名言，叫作"一画胜千言"。

为人们所广泛使用的图表类型包括垂直图（条状型），这种图表会标明数天、数周或数月的"涨"、"跌"情况及"收盘结果"。在垂直图上，通常在其最底端会有一些突出的垂直刻度，上面标明了当天、当周或当月的销售量。在《纽约时报》和《华尔街日报》上，你可以找到现成的关于平均指数及消费品指数的垂直图。这两种报纸及其他一些出版物，总是会定期地刊登当天、当周或当月的垂直图，还有一些关于销售量的数据。《拜伦周报》还会刊登关于图表的全面资料。

股票通常会处于三种状态之一：（1）积聚期；（2）涨价期；（3）分派期。当股票处在一种积聚状态时，你会发现由于某些政治（税收）及经济条件，报纸上关于市场的内容会采取很低沉的论调。坏消息会促使大众将股票卖出，而这些股票转而会被积聚者、投资信托公司及"熟知内幕"的人买下。你也可以把这个故事转回来说，当报纸充满低沉论调时，由于害怕局面会变得更糟糕，大众会将手中的股票倾销，而眼光长远的聪明人就会买下这些股票。当大众手中的浮动需求变得微乎其微时，股票价格就会受到推动而出现某种程度的上涨，因为需求的架子上产生了一定的"真空"。在涨价期间，"他们"甚至会以更高的价格买进，期望他们所积聚的股票会进一步升值。换句话说，他们会在增高的比例之上买进并卖出。随着时间的推进，报纸上会刊登越来越多的好消息。大众的心理条件逐渐成熟，他们会再次对市场产生兴趣。总而言之，当需求大于供应时，股票价格就会上涨（市场可并不关心谁会去买进）。

大众会逐渐发现，天毕竟还没有塌下来。因此，他们的需求会推动股价的上涨，其程度有时甚至超出了内部人士的想象。当这些条件产生时，华尔街就会说，"大众已使股市脱离了我们的掌控"。随着股票价格的进一步上涨，华尔街就会向大众散发他们以低价积聚的股票，他们现在的交易仅限于卖出股票。如果是你，你也会这样去做的。你会以较低的价格买进股票，而一旦你能够将其转售而获利，那么你就会抓住机会进行清算。随后，股票就会进入分派的阶段。关于市场最重要的一点就是要知道，股票究竟是处于一种分派的状态、还是一种积聚的状态。用简单的话来说，股价是会进一步上涨、还是会下跌？

关于这个问题，你同样能够从"市场动向"中找到答案。

"华尔街"通常以低价买进股票，如果需要的话，它会持股达数年之久，直到价格有所上涨（从技术角度来看，那时的市场就会处于强势状态之下，因为股票已落入长期持有之手，而市场态势会与"一般人"当时所想的恰恰相反）。然后，这些股票会以更高的价格从长期持有之手转入大众之手（从技术角度来看，尽管几乎所有人都会认为这是一个"买进"的好时机，而实际上此时的市场正处于疲软状态）。结果，当华尔街买进时，大众正在卖出——而当华尔街卖出时，大众又在买进（除了华尔街之外，大众找不到其他地方可以买卖股票）。显然，当华尔街买进时，市场正处于强势状态，因为股票此时正在"握有现金的长期持有之手"上。然而，当大众买进时，市场便会处于疲软状态，因为此时的股票握在"仅有保证金的短期持有"上，等待着随后被卖出的命运。

　　大众总是要承受着多次巨大的损失，而90%的交易者在股市上都是赔钱的，目前你是很难理解这其中的原因。大众之所以会赔钱是因为，他们通常在该卖出股票的时候选择买进，而在该买进股票的时候又去卖出，或者虽然选择了正确的时机买进股票，但却忽略了获利交易的第二个关键点，即正确的卖出时间。

　　如果你能够掌握交易的艺术，那么你就会选择在华尔街买进的时候买进，并在华尔街卖出的时候卖出——那么，你就会变成一位"内部人士"——像"他们"那样交易，并且成为"他们"这种无形力量的一部分。如果你在采取行动之前能够学会"认真思考"，而不是"一时冲动"，那么你就一定会获得成功。

　　在市场上失利的主要原因就在于，选择了不明智的"时机"买进或卖出。这一道理所针对的不仅是主要的市场趋势(有时完成一个周期就要花上数年时间)，还有微小的变化及动向。市场从来不会静止不动，它总是会或涨或跌。如果你在上涨期间买进，那么你手中的股票自然会下跌，因为它已经完成了上涨的运动。"春天来了，冬天还会远吗？"如果你以这种方式去实践，那么你要么就会赔钱，要么就得等上一段时间，直到市场回到你买进时的水平。这一过程会花费数年，而你的股票在此期间会受到"冻结"，你也在无意中变成了一位"永久投资者"——你在无意中陷入的一种状态。

　　更简单的方法(也是最难的一种)就是，在股价下跌时买进，当整个世界都处于衰退期、而你也心情沮丧之时买进。这样，你就有更多的机会获利，因为涨势一定会出现。

　　现在，让我们回到图表这一话题上来。利用那些图表作为指南，你将会发现关于股票积聚或分派的图形。当你注意到(在你的图表上)，股票的动向毫无生机，而且波幅狭窄，那么你要设想一

定有些资本家正在积聚这些股票。"他们"买进股票不会是为了以更低的价格将其卖出，他们是熟知内幕的人——要相信，在未来的某个时期，股价上涨的条件将会成熟，这也就是为什么他们会以接近最低价格积聚股票的原因。他们会在自己能够控制的范围内卖出——同时尽他们所能地买进而不"问价"，好像这样做就能使股价上涨似的。当然，他们并不希望发生这种情况。他们的目的就是使价格保持跌势，这样他们就不用支付额外费用。例如，当1000股每股售价为87美元时，他们并不会买下全部份额，因为那样做会使下一次出价升高。所以，他们只会以87美元买下400股，为了保持平衡，他们也可能会接受稍低或稍高的价格。

股票的销售价格范围会随着该价格的涨跌而有所缩小——市场陷入一片萧条——媒体散布各种坏消息——你自己开始感到绝望——这些都常常是股票"积聚"的信号。当图表指出一段时期的积聚正在进行之中时，不要匆忙地买进，因为如果能够找到价位更低的卖主，股票价格还有可能会跌得更低。当你所感兴趣的股票已脱离了其交易范围，并为其自身的动向再创"新高"时，那么尽管你可能要多支付一两个点(与最低价格相比)，这仍是一个(有利于)买进的好时机。这一时期是最为安全的，而且还可以在最短时间内预见到最快的上涨动向。即使在图表已经指出了"上涨"信号之后，你也不要急着买进。等到一次微小的反转开始之时再去买进，以免"一失足成千古恨"。

绘图者已为各种形式发明了一系列具有独创性的名称。例如，"头肩式走势图"、"螺旋形线圈"、"三角形"、"双层顶"、"双层底"、"三重顶"、"三重底"等等。

从这种名称中我们便可以看出，"头肩式走势图"顶峰是指，该股票头重脚轻，很不稳定，因此将会下跌。另一方面，"头肩式走势图"谷底的意思就是，该股票定位很好，最终将会上涨。那种

"双层底"或"三重底"是指，该股票已三次跌至谷底（比如说40美元），所以不会再进一步下跌了。这就意味着40美元背后的实力及"支持"，而且该股票很有可能即刻便会开始上涨。反过来说，"双层顶"或"三重顶"的道理也是一样。如果某种股票已经两三次涨至某个特定点（我们就说45美元），而且不再进一步上涨时，那么它十有八九会有所下跌——（股票表明在45美元时它会遇到需求）。

尽管我们都倾向于给予那些名称过多的关注，但我在这里并不想将所有的图表形式"标签"都描述一遍，我也不想给你讲任何对你来说毫无实际用途的"信号"。

不要以为那些图表形式的意义及预告中有什么"魔力"或"神秘"因素。每种形式的发展状态都有其心理学层面的原因。通常情况下，这些图表一定要符合逻辑的顺序。你必须学会像建筑师看大楼"图纸"那样观察图表。建筑师或机械设计师通过他们的图纸来制定计划，从中找出漏洞并加以改善。一张股票图表应能提前告诉你股票的优点及缺点，因为事后你就无法再从"读表"中获利。

如果股票连续数月活动在狭窄的波幅内，比如说3点，而且这一波幅也在图表上有所显示，那么你就应认定某些变动将会发生——涨势或跌势。大资本家们通常不会在2～3点的狭窄波幅内虚度数月，除非这一现象背后具有实在的基础。证券交易所本身就代表了一项巨大的投资及企业管理费用，它一定是要实现利润的，否则就要关门大吉。那些经纪人拥有成千上万个办公室，他们的人员及设备都需要巨大的花费。他们正在悄悄地积聚股票，"打开袋子"仅仅接收股市所提供股票的一部分。那些内部人士的目的就是要让你泄气，他们（正确地）考虑到，如果你所持股票连续数月仍在狭窄的波幅内活动，那么你就一定会对此感到厌烦。

实际上，你可能会对整个市场都感到厌倦（如果市场只是在狭窄的波幅内活动，其交易额很小并没有明显的涨跌变动，那么经纪行就会遭到遗弃）。然而，这仅仅是内部人士的梦想（当你成为一名优秀的交易者并加入了"内部人士俱乐部"之后，你也一样会萌生这样的梦想）。他们喜欢以最低价格吞掉你所持有的股票，他们这样做的目的就是要刺激你的神经，促使你将自己手中的股票卖给他们，而他们的计谋总是会得逞。在这一阶段，大众会逐渐消失，他们会艰苦地跋涉于市场之外。当然，他们也没有心情去买进，因为他们内心充满了"恐惧"，只会认为世界末日即将到来。他们渴望看到"良好的旧市场"，但又绝望于这一市场的曾经重现，结果便卖出了他们所拥有的一切。

一旦内部人士"感觉到"更多股票将会在某一（或更低）水平出售，该股票就会移出其自身波幅并有所上涨。当他们买下眼前的所有股票之后，那么此时这些股票（通常是整个市场）就会移出其交易范围并有所上涨。

上述内容说明了"直线"形式的心理学因素。实际上，其他每种图表形式都仅仅代表了人类心理学的一个方面。通过图表所呈现的画面，你最终将能够认识到一种股票的特征。某些股票的特有动向有别于所交易的其他股票，这是由于这些股票有其自身特定的结构、支持者及交易者等等。

当股票的上涨幅度脱离这一交易范围之后，这一幅度（在大多数情况下）与这条（水平）"直线"的宽度成正比。如果你的图表指出，这一交易范围已经运行了6个月，这就表明股票在此期间一直由"长期持有之手"积聚着。对于只拥有少量资本的投资者来说，他们既没有足够的金融资源，也没有足够的耐心去用6个月的时间积累股票。大资本家们渴望通过他们的投资获得实在的利益，以弥补他们对此所付出的耐心。你图表上的股票积累线越长

（水平线），股票价格上涨得就会越高（垂直线）。而且，这方面的道理也来源于人类心理学。例如，如果一条积累"线"跨越了一年的时间（一条长线），那么与积累期只有2个月（一条短线）相比，该股票的价格一定会上涨得更高。相比之下，前者所投资金会达到6倍之多，因此一定会赚获更多的利益（依照具体时间及管理费用而定）。

现在，让我们来看看"头肩走势图"顶峰的图表形式。如果在解释这一形式时引入神秘的"犹太秘法"说法，那当然是很愚蠢的。更好的方式就是，在人类弱点及习性中找寻这一特殊的形式。"头肩走势图"顶峰通常形成于大规模的股价上涨之后。左肩充当"正常状态"下的高点——意味着该股票几乎快要完成其上涨的运动。然而，此时最大的"吸食者"就会介入，因为他们选择在大锅"沸腾"时买进——这样就会推动股票价格上涨几个点。不过，股价也只能上涨到这一限度，因为大量的买进交易还没有开始出现。有太多的交易者正在将股票卖出，他们争先兑现自己客观的利润。内部人士不再感兴趣于"更高的价格"，这种推动就会形成一个"头"，可以说是一个"大头"（其实应该叫做"令人大大头疼之事"）。当再次下跌到正常的顶峰时，股票价格就会形成一个右肩。这一右肩逐渐使自身变得"丰满"，或者下跌、下跌至更低的谷底或顶峰。当右肩低于（头的另一侧面的）左肩时，那就是最安全的卖出及卖空之时。止损指标应定为头以上的1至3点之间（视股票的具体类型而定）。

同样，要从反面对"头肩走势图"谷底的形式进行此类分析。这种形式通常出现在一次股价下跌结束之时。左肩常常是正常的谷底曾经到达过的地方——同时，在下跌期间，内部人士一直都在积聚股票。为了测试市场进一步产出股票的能力，一种向下的推动就会出现。然而，如果不再出现更多的卖出交易——股市就会回落到其正常的谷底水平，形成一个右肩（如果出现了更多的卖出交易，那么这一"画面"继续呈现一种普通的"下降趋势"，而且不会形成一个"头肩"的画面，因为在这种情况下右肩是不会出现在该画面中的）。在小规模的交易范围"发展出"一肩高点之后，股价就会受到推动而有所上涨。当右肩的垂直高度超出头另一侧的左肩高点时——这通常是买进的好时机。止损指标应为头以下的1至3点之间（同样要视股票的具体类型而定）。

"三角形图"的形式有些更为棘手，它通常被称之为"螺旋弹簧"。这种形式的顶峰十分狭窄，两端都有可能朝着各自的方向凸显。当然，这一形式也与神秘主义毫无关联，它的形成基于人类弱点及性格习惯的心理学原因。让我们这样来解释，一种股票（或整个股市）在5点的波幅内活动，而在这一波幅内的顶峰和谷底分别出现了"卖出"与"买进"的股票交易（当股价到达该波幅的顶峰时，人们进行卖出交易；而当其回落至该波幅的谷底时，人们就会买进）。然而，这些交易级别越来越有所浓缩。交易的范围缩小至一两点的范围之内，这表明股市不会引发更多新的买进及卖出交易。在这种情况下，市场陷入一个僵局。如果股票的积聚量很小，那么股价将会上涨到更高的水平，因为对于那些想在这一水平买进的人来说，他们肯定会支付更高的价格以刺激别人卖出。然而，如果股票的交易量很小，股价就会有所下跌，从而刺激更多的买进交易。这也就是为什么股价会在下降趋势那一面凸显的原因。僵局被打破——更多的人已经决定认准一个方向。股价上涨或下跌动向的速率、及其可以到达的高度或深度，都取决于这一三角形的大小。这些内容都可以通过你的图表看出来，你只需要观察这一三角形开始形成时的高度和宽度。如果这个三角形从头至尾只有2英寸（或者我们说只有5个点）——那么这一距离就有可能会被上升或下降的趋势打破（如果以英寸、而不是点来计算距离，一定要确定你的图纸是基于算术、而不是对数的运算方式）。

　　三角形有各种各样的（几何学上的）角度和程度，在三角形的顶峰和谷底分别画上线条，并水平地将两条线连接。如果顶峰及谷底的线条都指向"死角"，那么你便找不到任何方向上的线索。如果一或两条线都指向上扬趋势，股价就很可能会有所上涨。而且，如果情况有所转变，反过来也是这样的道理。

　　我建议，你至少应针对10种股票保持画图表的习惯（20种更好）。这些股票应从各行各业的绩优股、及证券交易所销售方面的领先股中选出。

　　在任何情况下，一位交易者都应该对股票图表加以利用。如果没有这样的图表，一桩或多或少以科学方式进行的交易就不会得出令人信服的结果。然而，这并不意味着你仅靠图表就能做好交易，你还需要考虑到其他一些对证券行市有所影响的因素。图表都有一个"时间因素"。有时候，图表的含义几乎是百分之百准确的。然而还有些时候（比如在希特勒的闪电战期间），你最好不要对图表形式进行"读取"，而应当仅仅将其作为一种"预期"（如果希特勒及与之相关的全部事件都是不可预知的——那么，表现人类心理及思想观念的图表究竟是否具有预知的功能呢？）在这种情况下，我们最好先等待几个月的时间，让那些图表随着环境的发展创建其自身的形式，然后再尝试着利用这些图表进行交易。

　　1941年，当政府开始"规定"货物的价格水平时，我通知了我所有正在做货物交易的客户，我再也读不下去我自己的图表，因此我将无法再做出任何评论。在写下这些话时（1943年9月），我还在货物交易的圈子"之外"。一个人只有当确认了自己观点的正确性之后，他才能够尝试着进行交易（或咨询）活动。

　　图表清晰地显示，谷底图形上画有支持的线条，顶峰图形上则画着抗升的线条（等同于供应线条）。这样的图形表现出某种股票(或者平均指数)微小动向的波幅。当股票脱离这一波幅并发展成另外一种图形时，那么无论该股票的价格是上涨还是下跌，这一图形都会变成该股票(或者平均指数)中转动向的一部分。

要想研究图表的结构并"读出"其含义，我们有必要将前几个月及前几年的发展形式考虑进去。例如，通用汽车股的价格曾在36至41美元之间，后来这一价格继续上涨并涨到了54美元，那么此时的图形会不会冲破原来的价格波幅——这时你会注意到，在几个月或几年之前，一个54至60美元之间区域的清晰图形就已形成了。这表明，在过去的某一期间，通用汽车股在54至60美元的价格波幅内曾发生了大量的交易活动。从水平图形的大小来判断(该图形形成时表现出了一定的时间因素)，尽管大多数股票都以更低的价格水平被卖出——你一定要设想，有些人还没有处理掉他们手中的股票，这些个别人或许急于以54至56美元(无论获利与否)将股票脱手。在50至60美元这一价格区域内，巨大的供应量可能会使股票的价格回落到38至39美元之间。因此，这一图形结构是一个预测未来形势的好信号——此时会出现更多的股票供应，"供应与需求"控制着股票价格。

还有些图表考虑到3点及5点动向。3点图表不记录波动少于3点的上涨或下跌动向。例如，40美元的通用汽车股未在某一期间上涨到43美元或下跌至37美元，那么图表上就不会出现关于该股票的动向记录。只有在股价上涨或下跌3点以上的情况下，图表上才会有相应的标记。此外，这一原则同样适用于5点图表。标明3至5点波动的图表可以使你"在山顶上观战"——从而形成针对这一情况的观点。然而，这些图表并不能告诉你"时间"——不过，每日图表上总会显示所耗时间。这一点很重要，因为你可以由此而对某一动向所涉及的股票数量有个大概的了解。而且，只有在取得时间与行动上的一致时，你才可以在每日图表上画上"趋向线条"。如果你遗漏了每日图表上的记录，那么你通过"趋向线条"所做的"时间选择"就会失常。

为了能够恰当地观察"即时的"动向，我使用了提供平均指数每小时数据的图表，其水平图形还显示了股票的交易量。当然，这使我可以清晰地看到某天或某周的交易进展状况、股市上涨所需的股票量，以及衰退情况所涉及的各种动力。上涨或衰退情况以及股票量的图形都是不断翻新的。因此，你一眼就能够看到哪一方的实力更强——买方还是卖方；哪一方更有能力供应最多的股票——衰退的力量还是上涨的动力。几个月之后，你就能完成用上述线条勾画出的精确图表，那么你一眼就能够看出，此时哪一方居于领先地位——供应还是需求，以及市场将会朝着哪一方向发展。关于这一点，我们将在后面的章节中加以讨论。

在一两年显著的图形记录之后，图表就变得至关重要起来。然而，这只是相对于股票的即时动向来说的。要想正确地"读准"一张股票图表，你就需要画一张十年的大图景。让我们假设，通用汽车股的价格活动在40至45美元的范围里——这一价格要么会下跌至39美元，要么会上涨到46美元。于是有一天，通用汽车股上涨到了每股46美元。从理论上讲，此时是买进的好时机，因为其价格将会进一步上涨。然而，在这种情况下，为了规避"虚假动向"，你应当在这一价位有所下降时再买进，而不要其突破46美元之后就立即买进。你也可以在股价上涨到46美元时买进一部分，并在其有所下跌时买进更多的股票。

如果你以图表的形式记录下了当前的道琼斯平均指数以及个别的股票动向——那么你就能够认识到，我们当前究竟是处在一个"牛市"、还是一个"熊市"之中——或者趋势即将发生某种变化。通常情况下，适用于平均指数的原则也适用于你手中的股票——不管它们从"收益"或"数据"方面看上去有多好。然而，有些股票有

时会逆势而行，而这些股票正应该受到你的青睐。你需要利用这些股票的优点或缺点，在交易中尽量发挥它们的价值——这样做的前提是，整个股市开始有所上涨。如果某股票在下降趋势中有所上涨，那么它在上涨趋势中就一定会表现得更好，反之亦然。

关于市场方面，最重要的一点就是要知道市场的趋向，这一点在图表上得到了明确的体现。在图表上画出趋向线条，表明道琼斯平均指数以及个别股票的动向。在一个处于上涨趋势的股市中，这些线条应首先画出下面图形的对角相连——然后使用平行直尺，以相似的方式连接上面的图形。一旦指向上涨趋势的图形明确形成，就应立即画出上述的那些线条。对角的趋向线条应向前延伸画出4英寸，这样你或许就能对股票的未来动向进行证实，看它是否超出了这一趋向线条的范围。在急速的上涨情况中，该图形就会移出那些趋向线条——向左侧移动。这样的形势是有利的，因为这表明实际的进展情况要比趋向线条所画的更快（尽管在这种快速上涨的图形中——我们称之为"彗星图"——那种迅速卖出的情况通常会紧随其后出现）。如果某股票下跌至谷底趋向线条以下，并因此而移出了图形的右侧——这预示着危险即将到来——因为这一趋向线条所代表的时间"即将耗尽"。这说明，该股票没有发生任何进展——或者与图形所指明的上涨趋向线条相反，该股票的实际价格有所下跌。

在第一种情况中，股票价格会保持停滞不前，或者甚至稍微有所上涨，但仍然无法与时间"吻合"——事实表明，该股票的线条被留在了其图形的右侧——时间继续前进，而股票却没有跟上。在第二种情况中，正如图形中的线条所示，股票的价格下跌至其"正常"份额以下，导致了时间与股票的"分道扬镳"、"各奔东西"。

当然，道琼斯平均指数也遵循着相同的原理。一旦你注意到某些重要的变化，一定要立即将这些平均指数的趋向线条进行重建或重组。如果你发现这些指数下跌至趋向线条以下——这暗示着极大的危险。因为，大多数股票都追随着道琼斯平均指数的方向。在下面的章节中，我们将进一步探讨关于趋向线条的研究。

智慧存在聪明人心中；愚昧人心里所存的，显而易见。

聪明人心求知识，愚昧人口吃愚昧。

不先商议，所谋无效；谋士众多，所谋乃成。

风往南刮，又向北转，不住的旋转，而且返回转行原道。

已有的事，后必再有；已行的事，后必再行；日光之下并无新事。

——《圣经》箴言 ——

卖空与止损
的艺术

股往金来

　　我的那些客户都具有十分高超的交易技巧，因此他们对简单的交易规则及股市交易技巧并不那么感兴趣(任何经纪人都能够提供一本关于交易规则及佣金费用等内容的小册子)。所以，我会避免提及那些股票买卖的基本技巧——我将集中精力说明那些更为精细的"技巧"点及市场理论。

　　然而，有些熟练的"乐观投资者"总是"害怕"去做反向交易(空头交易)——这样一来，他们就会失去一半的交易机会。因此，我将主要谈谈卖空交易及其基本原理。

　　你一定要学会卖空交易，这一点是十分重要的。如果你仅仅是一位"永久性的"买进者，而不时常去做个"空头交易者"——那么你就有一半时间都会在市场之外(当市场处于跌势时)。只有通过进行双头交易(分别是股市的涨势与跌势两头)，获利的机会才能够成倍增加。

　　简单地说，"卖空"交易是指卖出你并不拥有的的股票——(比如说每股100美元的钢铁股)——你认为在未来的某一天(自此几个月之后)，你将能够以每股80美元的价格买进(补进)同样的股票——(通过买进)实现"卖空"并由此而获利20点。那么，一个人怎样才能卖出他并不拥有的东西呢？这个问题要这样来回答：当你"定购"一桩空头交易时，你的经纪人会向(证券)所有者借入(卖空的)股票。有些人并不拿他们库存中的股票进行交易，他们之所以买进这些股票的原因是为了拿到股息等。经过考虑，所有者允许你（通过你的经纪人）卖出他的100股钢铁股，而你自己并不拥有这些股票。于是，他借给你100股（不是股值而是实际的证书）。大约一个月之后，当你决定（以每股80美元）补进卖空的股票时——其实是大宗买进你所借入的100股，你的经纪人会将100股（另一张证书）还给他（为你）向其借入股票的人。这个人在交易中并无损失（实际上，他还会收取一定的借贷佣金）——因为他所感兴趣的并不是100股的货币价值，而是实际的"凭证"。对于他来说，每张凭证都一样好。

当然，所有者对于这100股的股息是非常感兴趣的。因此，如果你在股息发放日那一天恰巧"卖空"，那么你必须支付他这一股息（如果他有要求）。然而，（如果你在股市中的方向正确），你通常能够补足这一股息数额。通常情况下，某股票在除息之后会有所下跌，而这一下跌的数额等同于所支付的股息。由于你正在做的是空头交易，所以你受益于价格的每一次下跌（如果某股票并不下跌、并在随后一两天中"补足"了其股息，那么这就是一种强劲的股票，因此最好不要将其卖空）。

在空头交易中，只有当股票价格下跌时，你才能够获利。如果其价格上涨并超出了你卖空股票的价格，那么你就会赔钱。例如，你以每股100美元卖空了100股钢铁股，当价格下降到每股80美元时，你需要认识到，每股100美元的售价不同于你补换（给"所有者"）的每股80美元。换句话说，尽管你自己实际上并没有股票可以出售，你仍然会获利2000美元。然而，如果你以每股100美元卖空钢铁股——但钢铁股却并没有像你期望那样下跌，反而上涨到了每股120美元，那么你这时就要以这一价格补进——你由此而损失2000美元外加上佣金等费用（但愿不会如此！）。

在其他领域中，卖空（抛买）是一种十分常见的做法。购买小麦用来磨粉的人一定想确定，他所支付的价格在自此三五个月后也不会发生变化。他能够保护自己的唯一方式就是，卖空相当于购买数量的小麦。如果他以每蒲式耳1美元的价格买进了1万蒲式耳的小麦，那么他会立即以相同价格卖空1万蒲式耳的小麦。通过这一"平衡"交易的过程，他就不会因自己所购买的小麦数量而遭受损失。由于卖空会产生20%的利润，这一价格应当下跌至80%，但超买的小麦会为他保持1美元的价格。如果小麦价格上涨到了1.2美元——他必须以20%的损失补进卖空的小麦——但这对他来说并不意味着损失，因为他手中的小麦也"值"1.2美元。

股票的卖空交易有时要做到"出售股份"——（针对在安全抵押箱内"长期"持有之证券的套头交易）。在这种情况下，一位投资者常常会保护他所"长期"持有的股票，使其免受他所"预期"的下跌趋势的影响。当下跌趋势很剧烈时，他甚至有可能决定在此时补进卖空的股票——那么在这一跌势期间，除了"纸币"贬值之外，他所持有的证券几乎不会遇到任何风险，因而他还是能够获得丰厚的利润。

要想在交易上获得成功，你就有必要去做竞争者们所做的事。同样的道理也适用于股市，你必须要遵守股市上的交易规则。如果你在做的交易只是买进并等待价格上涨——那么，你只能算是半个交易者，因为你并没有对下跌趋势加以利用。与"长期买进"相比，短期卖空有时能够产生更快更"甜"的收益。俗话说，股票肯定会上涨，但也会自动"掉价"。因此，你一定要学会卖空交易，否则你就只能去做个"兼职"交易者。

不要在处于涨势的股市中做卖空交易，也不要在处于跌势的股市中买进。这其中的道理是一样的，只有在价格上涨到可以担保一次巨大跌幅时，那才是适合卖空的熊市。当你认为股价过高时——当股价只是原地打转、毫无进展时——你就可以到市场上去做卖空交易。然后坚持下去，随着获利继续卖空更多股票，并在市场达到一个抗升点时补进你所卖空的股票，因为那时它就会产生足够大的购买力，并再次推动股票价格的上涨。

例如，钢铁股的报价是每股100美元，而你认为这一价格将会下跌至60美元——你以每股100美元的价格卖空200股。如果股价有所上涨——以每股103.125美元的价格补进你卖空的股票（止损）。如果卖空100股的话，那么股价每上涨一点就意味着100美元的损失，而且股价可能会上涨到何种程度并没有任何限制（减少你的损失是有限度的，因为它只能减少至零）。因此，一定要通过使用止损委托而安全地进行交易。然而，如果你足够"幸运"的话，股价下跌至每股90美元——那么你就能够获利2000美元。到那时，你应该继续卖空200股。当股价下跌至每股80美元时，你就能够获利6000美元。这时，你应该继续进行卖空交易——采取你认为合理的交易量，200股或400股。

你需要遵循的原则就是，基于你已经实现的获利进行投机。如果你足够幸运地看到股价一路跌到谷底——那么你的卖空量或许可以达到2000股之多——但你最初200股所冒的风险始终也不应超出原先的3点（当然，这个奇妙的例子只适用于熊市高潮的开始之时，前提是你已在价格达到顶端时就迅速出击，所以我举这个例子并不只是为了"鼓励"你）。

同样的原则也适用于买进，当你做卖空交易时要拉低均价，做长线交易时则要拉高均价。对于大多数想要成为交易者的人来说，他们会通过更多买进来平衡他们的损失。然而，这种方式并不能将损失减少到最低限度，它只是能够改变损失的"百分比"而已。当你首次参与到一次市场动向之中时，你所应具备的交易技巧中只需要有25%的"运气"。随着你获利的积累以及市场朝着你所预期的方向前进——投入你资金的50%。在最后一次交易中全部选择股票——以保证金交易。

在空头交易中(长线交易也是一样),你必须要知道你所持有的股票及道琼斯平均指数的抗升点。你有必要提前弄清楚,你准备称之为"谷底"的价格是什么。在价位到达这一点时,你需要补进你所卖空的股票。在你的空头头寸上"逗留过久",这与你在市场达到"顶峰"时没有卖出一样愚蠢。

在卖空交易中,你要以交易投资股票开始,因为这种股票会首先下跌。然后,你可以卖空一些更为稳定的股票。同样,这些股票迟早也会下跌。通常情况下,在"突击部队"撤退之后,这些股票才会开始它们自己的活动。当你正在交易克莱斯勒汽车股或任何其他领先股——卖空那些更大的、动向更为缓慢的股票。并且,你要只卖空那些高价股票。拿每股126美元的股票(1937年时的钢铁股)来说,如果这一价格下跌至每股42美元,那么净利润就是8000美元。然而,如果是每股10美元的股票,充其量也仅仅能下跌至0美元,那么其最高收益也不过是1000美元而已。

为了进一步探讨抗升点的问题——我将举1937年的一个例子。1937年3月,平均指数为194点。那时是一个卖空的好时机,平均指数在6月时下跌至164点,然后又回升到190点。如果当时可以提前以某种精确程度进行计算——道琼斯平均指数为164点时是一个抗升点。从理论上讲,那就是一个补进卖空的好时机。当股票在8月时达到每股190美元——从理论上讲,那又是一个卖空的好时机——然后一直保持空头头寸,直到平均指数达到98点(这看上去似乎很容易做到,但实际上却很难且几乎不可能实现)。

当然,我所举的这个例子不过是一种"回顾"。你一定要"思考未来"——事先做好准备。避免回顾"梦境",不要总想着你当时本来可以做了什么,"如果当时我是国王……"

自1932年起,股票就处于积累状态。股价持续上涨,1937年3月以前还发生了几次大规模的中断及反转。此时,熟知"内幕"的人已经处理掉了他们在前一时期积累的股票。实际上，投资型股票("合理购买")在1936年11月时达到了其价格的顶峰，而且"分派"正在形成。"他们"在1932至1933年期间就已开始积累股票，并逐渐将其卖出，一直卖到1937年为止。让我们假设，从"理论"上看，1937年3月时，"他们"手中只有少数股票可卖。尽管他们处理掉了手中的股票，但他们并不会就此"歇业"。因此，他们就会开始把"球滚下山去"——卖空股票。正是这些股票由华尔街和所有优秀交易者买进(以谷底价格)，用以"补进"他们所卖空的股票。假如大众与股票持有者们变得固执起来并拒绝卖出股票，那么这些卖空的股票就面临着"囤积居奇"，卖空者们将被迫以比卖空时更高的价格补进。在各类商品和股票之中，有几种特别的"囤积居奇"现象，其结果对于卖空者来说都是灾难性的。

那些优秀的交易者会以低价从大众手中买进股票(1930～1932年)，此后这些股票的价格一直都在上涨，并且直到1937年之前都是以更高价格卖出的。在预期交易跌势反转的心理最佳时刻——当罗斯福总统"说"，商品价格太高了，"他们"就会卖空。这就是游戏的规则。我给你的建议就是，学着照样去做，一定要做到"入乡随俗"。

卖空交易的止损委托步骤与多头交易的恰恰相反。如果你以每股100美元卖空钢铁股，那么你就需要发出一个103.125美元的止损委托。如果该股票上涨到每股103.125美元，那么你的经纪人就会"替你补进"。你仅仅会损失3～4个点，而且当条件许可时你还可以进行再次交易。当然，在掌握卖空交易(买进也一样)的技巧中，你必须考虑到抗升点的问题。要先弄清楚股票在前几阶段无法突破的价位，并高出其几个点发出止损委托。如果钢铁股在前一个中期动向中所到达的最高价格是每股100美元，而你以每股99美元将其卖空(一个正确的步骤)——那么将你的止损委托定在103.125美元上。明智的做法就是，将止损委托定在偶数之上或之下的0.125个点。

你要学会在市场上进行双头交易，因此你需要具备同样高超的技能。如果你以每股100美元买进钢铁股，并（在各种工具及理论的帮助下）算出，当该股票价格上涨到每股120或126美元时，一个卖出的过程即将开始——卖出你所持有的多头股票。如果你有理由相信，钢铁股的价格将因牛市的结束而急剧下跌——那么就在将其卖空的同时，准备处理掉你所持有的多头股票。如果不为一次上涨动向而持股是合理之举的话——那么下跌动向及卖空交易就应是客观的现象。我的建议就是，不要在一个牛市中做空头交易——也不要在熊市中做多头交易。如果你只顺着一个方向进行交易，那么你成功的几率就会大大提升——这个方向就是市场趋势。

当然，一名交易者总是会去碰碰某种运气，就像一个生意人在其制造及销售产品过程中所做的那样。你需要决定的问题不是"我是否应该买进？"——而是"哪头交易最安全？"作为一名交易者，你应该已经认识到，市场上的利润即可以来自于空头交易，也可以来自于多头交易。真正的问题就在于，你在哪一头交易才能够获利？在"我是否应该买进"与"哪头"交易获利更大更快更安全之间，具有十分不同的心理因素。在第一种情况中，你十分忠诚于买进并心怀偏见——而另一选择就成了靠边站的旁观者。在第二种情况中，你思想开放，保持中立态度，因此你会成为一位直接参与者。你既能买进也能卖出。如果你是一位"爱做实事儿"的人，你就应该学会如何轻松地进行双头交易。

我一直在举例说明很多你不应该去做的事，但有一件事是我想提醒你千万不能去做的。那就是，在市场上进行交易千万不能忘了止损委托，因为你永远也不知道将会发生什么事。疾病和事故在我们的生活中的影响很大，因此我们绝对不能忽略掉那些不好的可能性。止损委托并不意味着，你手中的股票将会以你所规定的价格卖出。如果市场的开盘价格低于你止损委托中的数字——根据事实，你的账户将会被强制卖出。例如，你以62美元的价格买进了某股票，并将止损委托定在59.875美元（一个偶数之下0.125点），后来出现了一个更低的开盘价格，比如说56美元，那么这一价格就是你的止损点。然而，如果你没有止损委托的话，股市在你毫无知觉的情况下一路下跌——该股票的价格可能会下滑到50美元或者更低，那么你就会遭受到更严重的损失。假设你在1937年3月时以更高的价格持股（每股127美元的钢铁股），而你却突然病倒，不能继续参与你的股票交易业务，直到1938年3月，钢铁股下跌到了每股仅40美元——难道一份止损委托在这时还派不上用场吗？

一份止损委托应定在抗升点以下。如果你以60美元买进某股票，而该股票的上一次抗升点是58美元——你就应将止损委托定在56.875美元。一份止损委托的变量完全取决于你所买股票的类型，以及抗点基于水平图之上的波幅。有些股票一次就会下跌5或10个点。如果你所交易的股票变数很大，那么你就需要留余地给一些价格更低的止损委托，因为这些股票真正的抗升点常常会有所降低。另一方面，如果你所交易的股票价格很低——那么你就不需要超过2个点的止损委托，3/4个点或1个点的止损委托可能就足够了。这主要取决于你所交易股票的习性，以及重要的时间及安全抗升点的位置。

在下达止损委托之后，你要谨记，随着你所买股票价格的上涨，一定要相应地提升你止损委托中的数字。如果你以40美元买进某股票——并且下达了一份37.875美元（或者底于上一次抗升点）的止损委托。如果该股票的价格上涨到了45美元，那么你就需要将止损指标提升到43.875美元。当股票价格达到了一定程度时，你认为可能将会发生一次下跌趋势——那么你的止损委托应定在前一个交易日的低点之下。为了保护你的"账面利润"，你必须要这样去做。当然，如果你确定你自己的状态，那么你最好还是放手去做你自己的卖出交易，而不要等着你的止损委托受到"激活"。你的卖出价格自然会比通过止损方法获得的价格更高，因为当市场"热"起来并一路攀升时，需求便会占领优势，而你也将会定出更高的卖价——但止损指标总是在反转时以一个更低的数字出现，这时的市场以供应为主。除非利润已经兑现，否则没有任何意义。一旦你手中的股票有所下跌——你的利润就会消失。因此，随着你所买股票价格的上涨，一定要对你的止损委托进行升级。何必要冒险呢？

反过来，在做卖空交易时，你也可以使用同样的原则发出止损委托。将其定高在一个抗升点上，这一点应能表现基数充分的时间及水平幅度。然而，要记住，当某股票的价格有所上涨时（与下跌相反）——这一涨势常常以一个宽幅的上升动向开始。当某股票下跌至先前的一个抗升点以下时，它只能成为某些止损委托的"收获"。然后，该股票开始有所上涨，但如果某股票的动向开始发生转变，并开辟了一片新的上涨空间，这也就意味着一种"供应"的不足——而且股票的价格也到了该进一步上涨的时候。

一定要始终使用止损委托。蒸汽锅（无论制造得多么精巧）必须要有一个安全阀。蒸汽锅的功能符合一定的物理学原理，而安全阀的作用就是防止某些突发事件的发生。一名医生需要用体温计来确定病人的体温。"如果"/"当"病人的体温达到一定的度数，医生就会根据明确的指示，明智地采用所需的治疗方法。防护装置及措施几乎适用于一切领域。当发起"闪电战"攻击时（1943），希特勒为以防万一穿了两条棕色裤子。

股市交易依赖于一定的环境与条件，我们必须对这种环境与条件进行仔细的观察。在判断股市走向时，这些"如果"与"何时"的问题自然就成为了我们的导绳。所以说，"如果"与"何时"问题就是你的安全阀。如果你"决定"你能够以你开始那样的方式进行交易——无论条件怎样变换——那么你最好彻底停止交易。因为如果这就是你的基本态度，那么你迟早会赔个精光。当你受害于独断原则而又无法证实这种原则时——我建议你停止交易。止损指标可以用来解决"如果"与"何时"的问题。你的交易箴言应该是"要么接受要么放弃"。在我给我客户的市场建议中，我会提前很长时间定出止损指标——只是以防出现"如果"与"何时"的问题。在一次剧烈的股市突变之后，我接到了很多客户来信并从中得知，他们都对这种"谨慎作风"表示感谢。

骄傲在败坏以先，狂心在跌倒之前。

——《圣经》箴言 ——

股往金来

第9课

没有"谷底"
何来"顶峰"

　　我将致力于说明几种方法，通过这些方法可以预见道琼斯平均指数及个别股票的顶峰与谷底。不要指望着你下面要做的就是水晶球占卜，这里不存在任何"神秘的"方法——也没有任何"秘密"可言。忘记诸如秘密公式或哄骗方法的东西，你根本不能用那样的方式进行预测。即使真有这种方法的话，那些"内部人士"早已"独吞"，根本不会让大众有机会得知，就像他们在工业领域对有价值专利品所做的那样，因为他们觉得那些专利品可能会对"现有安排"构成障碍（如石油，橡胶）。

　　然而，有一种"系统"确实存在，通过利用这种"系统"，你的交易在大多数情况下就会获得成功。当你完成吸收本章中的所有内容时——那么在90%的时间里，你都应该知道何时叫做"顶峰"或"谷底"——并且准确地说出这两种现象。否则，你还是为你的财富找找别的出路吧。这完全要看你自己了——你是具备这种能力的。

　　让我们开始吧。你从现在开始就会发现，我总是会从一个主题"跳到"另一个主题之上。请不要介意，这对于我们的最终目标来说是必要的。当我向你介绍某个特定"理论"时，我将不得不阐述一些看似无关紧要的主题，但实际上这一内容与我们所讨论的主题是密切相关的。当我们开始讨论时，我们将常常需要重复某些内容。所以，请不要介意，因为这其实都是为了你好。不要匆匆忙忙地，最好"花些时间"学习并实践你所读到的内容，否则时间便会惩罚你，让你付出昂贵的代价(通过猛烈的打击与损失)。你将会发现，读这本书是最便宜的学习方式。

在股市上，你需要考虑到三种不同的行情。

第一，作为一个整体的股市。

第二，市场上的主要团体——(工业、铁路及公共设施团体)。

第三，三种主要团体内部的小团体，如铁路设备公司——铁路团体的一部分；公共设施团体中的电力设备、铜矿业及生产公司。例如，除农具制造业之外，农业团体中还包括邮购商店，这一行业的兴盛建立在农民富足的基础之上。这些团体或许还可以再细分——军备团体(属于工业领域)中的航空及造船业，这一产业又会涉及到制造战争材料的制铜及化工公司。这种公司也可以被看做是农业团体的一部分，因为它们可以为农民提供肥料及其他化学制品。此外，由于这种公司还可以提供油漆、水泥、屋顶材料以及一项建筑工程所需的其他产品，它们还应被归类为建筑团体。同样，钢铁团体应当与建筑团体以及铁路和汽车团体放到一起加以考虑，因为钢铁团体可以为铁路设备业、汽车及建筑业供应铁轨及钢材。

要想预见市场价格的进程轨迹，你就首先应该将市场看做一个整体加以考虑，然后再对个别的股票或团体进行仔细审察。更为明智的做法就是，一开始就搞清楚股市交易的基本知识，同时也是最重要的知识。就像宇宙万物一样——最基本的，也就是最重要的。

当你思考买进或卖出时，首先要就整个市场进行思考，使你关于买进或卖出的决定基于整个市场的前景——而不仅仅是你所选股票的前景。只有当整个市场即将上涨之时，你所选的股票(即使是最好的绩优股)才最有可能开始产生波动。我特意强调这一点，因为我从收到的客户来信中得知，对于大多数的交易者来说，他们当时很少会依据更广阔的市场行情来思考他们的"宠物股"。很多交易者常常忘记，股市从根本上说是全世界范围内的一个晴雨表。这些交易者情愿让他们的"宠物股"逆"血流"——整个世界的"生命线"而行，结果他们可能真的选出了某种好股票（这是很可能的）——但他们买进的决定却不成熟（大多数情况下太晚了）。从市场化的角度来看，当你将自己所有的算计与希望都寄托于一种股票时，无论该股票有多完美——暂且不谈该股票不过是整个市场的一部分而已——你都从一开始就注定要遭受损失（"何时"不仅比"什么"更重要——而且更难以回答）。

再说一次——从市场化的角度来说，你的"思考"应锁定在整个市场的广阔行情之上，这一点是至关重要的。你知道，市场总是以两种行情呈现出来的，要么熊市，要么牛市。一旦涨势完成了其任务与计划（分派股票），跌势就会开始出现。反之亦然，当跌势已经"清算"所有或大多数短期持有股时（股票积聚之时）——涨势便开始形成。当你看到市场"毫无变化"时，它实际上正在为其下一次动向（或涨或跌）"铺平道路"。因此，最重要的一点就是要知道，就最近的将来考虑，整个市场将会上涨还是下跌。你手中的股票对你来说可能是个"宠物"——但对于整个市场来说，它只不过是一只"狗崽"——或者可能就是一只"小狗"而已——在"吃食时"它才会有"骨头"啃。

当然，你可能会认为，当股票价格先是上涨，然后又发生某种程度的下跌时——我们就说下跌了50个点吧——这是一个毫无用处的过程，它在不合理地浪费人类的努力，你会恰如其分地据理力争。例如，你会问到，倘若股票价格总数上涨了150亿美元，然后又在下一次动向中下跌了120亿、150亿或180亿美元，这又有什么好处呢？难道这样会创造出额外的财富来吗？当然不会。相对于股票价格总数上涨150亿美元来说，当其价格下跌了同样的幅度，整个国家都不会更富有。实际上，这只会产生一种"账面"幻觉而已。举例来说，假如根据证券交易所对于某股票的报价，在通用汽车股的股东之中，只有一半人想以这一价格水平兑现他们手中的股票——那么该股票的价格在一天之中就会下跌至报价的一半以下。实际上，如果选择这样的股票进行交易，那么你就会有"停业"的危险。然而，如果你属于少数在持有该股票时还能将账面利润转换成现金的人——那么你就能大大地增加你的现金资源。

　　从上述内容中，你可以看到，无论在涨势还是跌势中都"坚守"某股票而不兑现利润，退一步说，这就是一种"耗损运动"，并不能使你的"货币价值"增加。《圣经》中的一位先知甚至说，"我见日光之下所做的一切事都是虚空，都是捕风"。

　　在股市上，"强度"这一术语其实意味着"疲软"，反之亦然。这个类比可以用于一个到了成熟年龄的人。一个人要花上40多年的时间，才能实现一个成年人应有的地位、实力及信心。我们习惯于将这样一个人称为成年人，同时也暗指从此他就会逐渐走向老年（在制造业的领域中，40岁以上的人就不会被看成是良好的劳动力，而且据《圣经》中的使者加百利·希特说，这些人应多喝些营养汤来掩盖他们的年龄）。由于股市总是顺着一个垂直上涨或下跌的方向运行——你应在股市上涨（成熟）时从其跌势（衰退）的角度来思考——而且将其下跌（疲软）看成是一次上涨之前的准备阶段（强度潜力）。我们正在应对的不是股市上的已知因素——而是潜力及前景因素。从市场化的角度来看，"事实"（或者显而易见的道理）自会在几年或几个月之后"支付"并"折现"。你是无法将其"兑现"的，因此潜力因素的货币价值是不确定的。我们的交易建立在我们假设的成果之上。你的"兑现"只能基于市场的潜力——而不是它的确定因素（不要将交易建立在"确定之事"的基础之上）。

要想在市场上获利，你就必须要牢牢记住这些原则。一旦你没能遵守原则——容易受到媒体新闻及董事会会议室中流言的影响——像他们目前那样去交易——那么你就永远都无法在市场处于涨势时预见其跌势（只要有最新版面世，一张报纸就会变成包装纸或"废纸"）。如果"目前"是一朵"玫瑰花"——那么只有那些先前播下了"种子"（可能要付出"汗水和泪水"）的人，才会享受到花朵的芳香。同样，当市场处于跌势时，如果你总是轻信那些关于事物阴暗一面的流言（事物本身就具有这种性质）——你就永远都不会"看到"最后的日出——而对于由此而来的好处，你也会毫无准备予以接受。宗教方面的教导告诉我们，只要我们在自己的整个生命周期都保持"正直"，我们以后就可以上天堂。至于那些无法"看见"天堂的人——他们将永远都不会看到。

对基于交易量和价格的图表进行研究及观察，你会从中发现，最大量的交易发生在价格高昂之时。那些在价格达到顶峰时买进大量股票的正是大众……他们总是把天边想成是界限。（我真应该为使用了"想"这个词而道歉。实际上，他们根本就不会去想。）还有一个不幸的经济现象就是，只有在繁荣期已经达到颠峰、股票价格高涨之时，大众才会用自己的钱进行"投资"。在1943年的战争高潮之时，"夜班"工人们用40亿美元"额外"现金中的一部分买了股票。将这些股票以顶峰价格卖出的人正是那些"内部人士"。实际上，对于优秀的交易者来说，股市到达顶峰的第一个确切信号就是，交易量增加而价格却没有相应地提升。当这一现象产生时，那些内部人士正在向大众们倾销股票，你最好也跟着学学这里面的"窍门儿"。

这里的"内部人士"并不仅仅是指那些经营证券交易所的人。尽管交易所中确实充满了内部人士，他们是比大众更优秀的交易者——这也是他们之所以成为了内部人士的一个原因，但是在外部的交易大众阶层当中，也有大量的内部人士（他们与你是属于同一类型的——那些更想知道"为何"和"何时"、而不是"什么"的人。他们也是我的客户，每周都订阅我的商情报告书）。正是这些"内部的内部人士"和"外部的内部人士"，当他们认为价格将不会升得更高时，他们就会将自己手中的股票倾销掉。此时，那些大众（外部人士）就会买进这些股票。他们之所以会买进是因为，他们无法站在每一天的角度进行思考，无法站在作用与反作用的角度进行思考。他们就是一大群野兽的一部分——一个跟着一个走，想不到任何边界……想不到给定值……想不到变化着的条件。他们并不知道，当股票价格高涨时，市场已经折现了一组有利因素，并正要折现另一组潜在的不利条件。他们并不知道，归根结底，股市就是一场内部人士与外部人士之间的逐利"游戏"。对于9个"业余"棒球选手来说，他们又怎么可能战胜那些专业的美国人呢？如果你的目标是打败那些美国佬——你最好先作好充分的准备。今年春天就开始训练你自己——（先在"纸上"做交易练习，然后再掏出你的钱）——否则你将不具备参加竞赛的"良好"状态（这是一种用金钱进行的竞赛）。

现在我们已经上完了另一堂课，即市场就像国家、人民、个人及各种生活元素的历史一样，其存在的意义主要在于不断重复的活动，上涨下跌，下跌之后再上涨——我们或许可以得出结论，成功交易的第一个先决条件就是，当股票价格到达或接近于顶峰时卖出（农民收割他们长高的玉米之时）——并当股票价格到达或接近于谷底时买进（农民将种子深植于土壤之中时）。我用了"到达或接近于"这几个字，因为我们永远也指望不上，当股价到达一个完美的至高点时卖出，或是在其到达一个完美的最低点时买进。由于市场使买主与卖主之间发生着激烈的竞争——任何人也难以预料股价将在何时达到顶峰或谷底。科学技术还没有设计出任何工具，能够定量测量乐观或悲观的情绪——或者愚蠢与智慧。我们所期望能够得知的只是，当前的股票价格是处于顶峰还是谷底，或者我们近期是否能够经历这种现象。

我还想提请你注意的另一个重点就是：当市场不断地上涨或下跌之时——市场可并不是某种可以调节精确的机械工具——或者数月之前就已"上紧发条"，并准确地预示着其动向的幅度。市场也并不是一个"木头士兵"。1943年7月，当我正在写这本书写到了一半的时候，一位客户走进了我的办公室，他说如果我告诉他我"准确预示市场"的"系统"，他马上就会给我1000美元的现金。我当时的答复是，我真的没有什么"系统"可以"告诉"他。我还提到："我写了一本《股市成功之七大支柱》的书，而我现在正在写另外一本书。我这里有一本《七大支柱》，上面有我的一些建议，而且当你读完这本支柱书时，我现在写的这本新书就会面世。那么，你干吗还要花1000美元呢？"他回答道："可是谁能有时间去读那么多书呢？"于是，我坦白地告诉他，他是一个连抓松鼠都不适合的人——更不用说在市场上以他不愿去学的一种"系统"去交易了。

像我们这样的人会影响到股票价格的波动。我们会提前思考、希望、计划、渴望并将事情搞清楚，然后依据我们的情感、直觉及想法采取相应的行动。当我们买进或卖出100张股票时，正是我们的行动决定了价格的走势。同时，"事情的发生"会使我们改变我们的行动。你必须要注意这一点。你知道，"当""事情"突然"发生"时，止损指标就是一种抑制"如果"与"何时"的抗毒素。然而，坦白地说，当我们在市场上行动"正确"之时，"事情"是不会"发生"的，而其大都只会"发生"在我们犯下"错误"之时。当一个人在市场上行动"正确"时，所"发生"的一切都对他有利。通过采取了"正确"的行动，他间接地预见到了将会"发生"的事情。这就像是娶了一个"正确"的女人，所"发生"的一切都像是"天赐良机"。然而，如果娶了一个"错误"的女人，那么所"发生"的一切都会让生活变得更糟。

每种股票都有两个价格。一个是"标价"，另一个是"要价"。约翰·史密斯手中有100（或10万）股，他想以每股98美元卖出。亨利·布朗想要买进100股，但他只想为每股支付97美元。他们两人都向交易所表达了各自的想法（通过他们各自的经纪人）——前者愿以每股98美元的价格卖出100股，后者则标出100股每股97美元的买入价格。他们两人都有大量美元支持着他们各自的决断。如果约翰·史密斯的愿望实现，价格将会是每股98美元，而如果亨利·布朗获得成功，价格就会是每股97美元。如果处于某种原因——当前，（在每股98美元的价格水平上）没有买主——而且如果约翰·史密斯急于卖出他手中的股票——他就会将价格降低至每股97或97.5美元——那么亨利·布朗就能以更低的价格得到100股。这就是交易所中股票价格的决定因素。如果在约翰·史密斯的"要价"与亨利·布朗的"标价"之间，出现了一个叫山姆·琼斯的人，他愿意以每股98美元的价格买进100股——那么，该股票的价格就不会降至每股97美元。此外，假设约翰·史密斯手中可能有成千上万支股票，那么他下一次卖出100股的价格就会是每股99美元，而不是98美元——而且这种竞争还会周而复始地进行下去，也可能会出现每股98或98.5美元的价格。但是，如果约翰·史密斯坚持以每股99美元的价格卖出股票，而且此时没有别人以每股98美元卖出这种股票——那么该股票的价格就会上涨到每股99美元。这种情况会持续下去，直到有这样的一个人出现，他愿意以每股98、97或96美元卖出他的股票。到那时，股票的价格才会有所下跌。

所有市场化的道理都很简单，就像摩斯从"山上"带回来的十诫一样——特别是"不可杀人"这一诫。人们有没有遵守简单的十诫呢？每个小时，在广播里或报纸头版，你都会听说谁把谁杀了的报道。交易者们想不想学习关于市场动向的简单规则呢？以我广博的从业经验来看，答案是否定的。

上述关于约翰·史密斯的说明适用于在市场上交易的上百万人，他们每个人都有可能遇到过这样的经历。那个例子还可以用来解释证券交易所列出的上千种不同证券。这种激烈的竞争不断地持续下去——经纪人通过专用线从全美各个角落收集标价及订单——（而且在和平时期，这一范围可以扩展到全球）。

由于我们并不是仅仅在应对市场上的某一特定人格，而是在应对全世界上百万的交易者及投资者们——你可以轻而易举地看到，正是这上百万的交易者决定着证券交易所中的价格。如果他们买进，股票的价格就会上涨——而如果他们卖出，股票的价格就会下跌。你并不认识持股待卖的约翰·史密斯——也不认识想要买进的亨利·布朗。实际上，尽管你一直在和他们交易，而你个人并不关心他们——但你肯定关心所有像他们这样的人，以及他们在市场上做出的选择。总而言之——如果你对整个市场感兴趣，你就会对整个人类的行为感兴趣。

那么，让我们的讨论更进一步，将这群买主和卖主比做一个正规军团。你一定读过关于历史性战争及著名将领的故事，那些将领通常会将他们的功过记录下来。此外，你还一定读过关于军团"士气"的内容。意大利士兵们在西西里的"士气"十分低下——结果：在面对意大利士兵时，"我们自己的"伤亡并不大。德国士兵在西西里的"士气"极为高昂——结果：当我们遭遇德国士兵时，我们的伤亡十分惨重。请你试着站在士气的角度，对买主及卖主军团进行思考。如果他们的士气很高，他们就会买进——而如果士气低下，他们就会卖出。试着思考约翰·史密斯、亨利·

布朗以及山姆·琼斯正在想些什么。成年男人及女人毕竟都像孩子一样——他们的思维模式没有什么太大区别。他们总会受到彼此的影响，受到相同希望及恐惧情绪的影响。每当"大恶狼"出现在荧屏上时，所有的孩子们都会大喊"呜"；在看到白雪公主和想要毒害她的"女巫"时，孩子们也会做出这样的反应。同样，成年人（你和我）会受到媒体、广播及布道（最重要的还有我们各自妻子）的影响。正是这些动力因素左右着我们的"集体"思想。

让我们回顾一些1938年5月（或任何可以分析的时期）的情形，我们会观察到（在航空业特定股票的图表之上），尽管在5月时，股价的图形可以比做30层高的楼房（每股30美元）——到了1938年11月时，这一图形发展成了80层高的摩天大厦（道格拉斯股为每股80美元）。我们没有忘记，相对于一座30层高的楼房来说，一座80层高的大厦需要构建完全不同的"地基"。

我们看穿了内部人士的思维方式，看他们以每股30美元买进，还看到他们买进股票的价格上涨到了每股80美元。不要把这个现象看成是一种巧合。股票是不会自己将其价格上涨200%的。在这种上涨现象的背后有一个计划，而且这个计划的时间还定得很准确。历史总会重演，这是不可避免的。当某股票的价格从每股30美元上涨到每股80美元时，我们知道内部人士已经获得了一笔可观的利润。与大众有所不同，他们并不会无意识地买卖股票而不获利。如果他们决定卖出股票，那么他们就是有意这样去做的——卖出他们的看涨股票并由此获利，然后开始做空头交易。通过观察图表我们会注意到，这时股票的交易量已增长到了顶峰。通过观察图表上形成的"头"，你会注意到，它变得更"宽"了，这表示股票交易量的增大。

1938年11月，通过观察个别的股票，你就一定会看到，这些股票的价格正处于顶峰状态。"顶峰"状态就意味着，内部人士已准备好获利，他们此时更喜欢现金，而不是股票。只要运用简单的数学方法，你就会发现，航空业股票已经产生了巨大利润——其他股票也是一样。对于内部人士及大众阶层中的优秀交易者们来说，此时兑现他们可观的利润有什么不合理的吗？要想理智地应对这一时期，你就有必要站在与"羔羊"或大众们相反的角度，进行直觉性的思考。对于这些人来说，当股票价格有所上涨时，他们就应该"下海"，这在他们看来是一件"明显"而又"确切"之事。他们"看到"机会时总是"为时已晚"，这对他们很不利——他们常常在市场已经到达顶峰（或接近顶峰）之时买进。

对于一名优秀的交易者来说，他会在股市到达或接近谷底之时进行投机活动——甚至投机时还在正确地考虑，市场会呈现一种锯齿形的涨落形势（依据作用与反作用原理）——市场在经历一段时间的跌势之后，下一个动向肯定理应是上涨。你有没有注意到，股价"上涨"与"股价应该上涨"之间有何区别？这里就显示了利润与损失之间的巨大鸿沟。

优秀的交易者有时会充分地利用谷底进行交易——有时会适当地对他们的资金进行分配——在下一次或第三次谷底买进——或者在上涨期间买进额外的股票。这样，他们就能得到一个三次不同程度谷底的"平均"价格。那么，在最低谷底与当他们开始积累股票的第一次谷底之间（或在最低谷底与稍高比例之间），他们的股票就会得到一种中间保证。这是一种出色的交易，因为还没人能够持续地抓准谷底的最低点。如果你的动机是利润，而不是"骄傲"与"炫耀"，那么抓准抓不准也并不大碍。

让我们再次回到我们的主题之上，注意股市不断地出现上涨步伐，完全没有被严重的经济困境破坏——我们开始观察内部人士的思想。然而我们看到的是，一些胖胖的小"拍卖人"手中拿着小槌，到处跑着喊"成交，成交，成交，——当还有现金购物的顾客时，一定要进行获利出售！"

　　还有一个因素是你需要记住的，内部人士不会支付80美元买进几个月前还是30美元的股票。对于专业人士来说，他们只会买进前景看涨的股票。一旦排除以最高价买进的可能性——那么这一点会自动变成一个卖出的价格水平，因为内部人士只能看见股市动向的两个阶段——买进或卖出水平。他们所考虑的唯一"持股"水平处于买进与卖出的水平之间。他们每年只会买卖少数的几次——充分展现了他们的耐心，而这对于投机获利来说是至关重要的。

　　永远不要以为，他们总是以预定的价格卖出他们的股票。他们的数据就像你我的一样，有时也会陷入一片混乱。突发性的好消息或坏消息会扰乱他们的计划。因此，他们并不总能准确看穿布朗、史密斯和琼斯之辈的想法，也不总能预见希特勒、张伯伦等人的行动。当股价接近顶峰之时，卖出价格通常不在他们可控制的范围之内。此时，他们并不清楚市场可能会发展到何种程度，而只是继续向大众分派他们想要的。大众将在多大程度上进入市场、大众能将价格抬高到什么水平，以及哪种股票是大众最喜爱的，这对于他们来说都是不可预知的。他们只是顺其自然——以供应填补需求。尽管大众的买进会将股价抬高一时——但内部人士急于将手中股票处理掉，在这一点上是毫无商量余地的。

　　一个因素就是"内部人士"之间兑现利润的竞争。换句话说，如果亨利·布朗为克莱斯勒汽车股出价97美元，那么当他以这个价格买进时，时机就到了。布朗认为，他做了一桩不错的交易，因为他是以低于上次高价一两点或十点的价格买进的。从近期的股市业绩来判断，他考虑到，该股票已在两周内上涨了5个点——它为什么不能在未来两周内再上涨5个点呢？但这也只是就现状来考虑而已。内部人士已经完成了"涨价"的任务，而且他们现在愿意在不提高"要价"的情况下，将他们手中的股票分派给大众。否则，在股价下跌到更低价格水平的过程中，他们所需要分派的股票就太多了。不要忘记，股票会在其价格下跌的过程中"等着他们"——为了表示适当的"支持"，他们将不得不买进一些股票。当我们看到部分市场有所上涨、处于顶峰头寸的那些股票停滞不前——或者实际上有所下跌之时，我们就会注意到这一条件（分派）的产生。

　　让我们依据图表来对这一情形进行分析。对于很多股票来说，"头肩式"的图形走势都会出现。在很多情况下，这种图形的结构会让我们想起，当我们还是小孩子的时候，我们常常会堆一个奇形怪状的雪人，他有一个又大又平的头和宽厚的双肩。一种对股票的自然需求——左肩（涨势）已经形成——锯齿形图形。相对于"需求"来说，由于大众的买进，股票受到了一种额外的"推动"，这样"头"便形成。显然，在大众发现强势时，优秀的交易者总是能看到疲软。实际上，你没有必要去等待右肩的形成，因为这种推动看上去十分可疑。一个"头"正在形成之中，左肩已经构建出来，半个头也已经出现。我们注意到，这一"头"形呈水平状地变得更宽，但并不移动得更高（垂直状地）。而且，比较相同股票同期在动向中间或谷底的情况，股票的交易量也在增长，这就是"头"形呈水平状变宽的原因。如果某股票处于"健康"状态，那么它就会垂直地上移，因为交易量（需求）的上涨显然应当表现为价格的上涨。如果这种现象没有产生，图表呈水平状（而不是垂直状）变宽——我们就会怀疑一次顶峰是否真的已经实现。然而，我们并不为此而"着急"，因为图表上的图形及市场上的交易并不会在一夜之间就"结晶"。我们完全可以采取一种"关注等待"的原则——同时，将止损指标定得比图表上最近一次低价稍低一些，以此来保护我们手中的股票。

当然，你听说过这样的事，很多人"突然"在毫无预兆的情况下赔了钱。然而，这种论断是毫无根据的。对于那些想"知道"有何不祥之兆的人来说，我不知道还有哪行哪业能够给出如此清晰的预示。市场常常会给每个人以机会，使他们能够"有面子"地及时退出。有些人认为白天永远不会结束，夜晚永远不会到来。因此，只有那些人才会在市场交易中"突然陷落"。

如果你"一开始就做得正确"，以"适当的"价格买进股票——股价接近谷底或一次动向到达中期时——那么，你完全可以等到右肩形成之时（在更低的价格水平上）——你要确信，现在就是头肩走势形成之时，因而也是卖出的最佳时机。通常情况下，"右肩"仅仅会低于"头"几个点（至于你"当时本来可以得到"的那几个点，你完全不必感到"后悔"）。

头肩图形会在重要时刻形成——既在市场到达顶峰之时，也会在谷底之时。考虑到图表形式所包含的重要意义——我们不应忽略头肩顶峰的图形。当你注意到这一图形时，那么一旦"右肩"形成（或者甚至在其形成之前），你就应立即将这些股票卖出。在谷底时期，一旦"右肩"超过了"左肩"，即使只超过了一个点——那么这就表示此时是最佳的买进时间。

头肩、头顶、肩底之间的区别就在于其各自不同的交易量。尽管头顶走势呈宽形，因为市场上的大众正在买进——但头肩谷底的走势却恰恰相反。市场动向拖延了数周，只在几个点的波幅内移动，交易量很小，没有出现使头变得很窄的波动（只有"鼻子"可以显示）。这常常是一个买进点。大众总是会在进场前等待"波动"的出现，而且每当股价到达或接近顶峰而不在谷底时，人们就会发现这种波动。所以，"正好的"最佳机遇——便因此而"飘走了"。

最安全的买进时间就是，当市场萧条、交易量小、大众并未参与之时。如果你此时买进，一定要有足够的耐心（相对于内部人士来说），一直持股到波动开始发展……有时，市场需要6个月或更久的时间，才能产生这种波动。几个月之后，你会得到正确的卖出信号。交易量将有所增加，这就意味着"笨蛋"们正在进入市场。归根结底，要想在萧条时期的市场上赚到钱，你就只能通过向"笨蛋"们以谷底价格买进——或者通过买进他们"卖出"的保证金账户，耐心地等上数月或数年，直到相同或其他的"笨蛋"们愿意以更高的价格从你手中买回相同的股票。有时，你似乎总不能为你手中的股票找到买主，你或许会纳闷儿大众是否还会进场交易。无论怎样，不要担心。人性常常以相同的方式做出反应。一般而言，大众学习的过程会很慢。通过研究市场动向，他们之中只有少数人才能晋级，加入到内部人士的行列之中——年轻一代的其他"笨蛋"们（照常是独断的）——而且很多老"笨蛋"同时也在努力地攒钱，准备着碰到投资的"好运气"。这些人正是你在涨势期间向其卖出股票的对象。巴拿姆的理论是正确的，每个小时都会有一个"笨蛋"降生。

　　还有一个需要在此强调的关键点……一定要限定交易风险，这一点是至关重要的。在市场交易中，只有在风险限定的情况下，你才能持续增加你的"现金资源"。如果你能将风险限定在一个狭窄的范围，从而使损失降低到最小程度，那么你的利润就会积累起来，而你的资金结构也会扩大。例如，在最初的商业票据上，你在借入资金时可以接受25%的利率，而在一般可靠支票的情况下，银行会商议贷款利率为6%，该支票在年底便可以显示利润。如果你小心地开车，从不出任何事故，那么保险公司就会减少你在碰撞保单上的比率。在你20岁时，那么长寿风险的比率对你来说是很高的——因此你的人寿保险费会很低——当你到了60岁时，你的寿命风险就会变得更大，所以人寿保险比率就会增长

很多很多倍。大型机构都会将其利润建立在贷款、发行保险等项目之上，他们都会对其中的"风险因素"加以考虑。他们会在风险中进行交易（就像你冒着风险炒股一样），通过研究这种风险、并将费用建立在相关风险之上而积累财富。

在战争期间，船运保险的比率急剧上涨。保险公司会得到巨大的利润，因为他们将风险锁定在了那些肯定能赚钱的交易之上，这是非常科学的一种做法。在交易量太大的情况下（例如一份大额的火灾保单），他们就会将该保单分派给各种不同的公司，从而限定各家公司在火灾发生时按比例承担的损失（这相当于只用你10%的资金来投资一种股票）。

你总是能从"大企业"的运作中学到点什么。在富兰克林·德兰诺·罗斯福担任总统的前两届，他尝试着在自己周围安插"智囊团"，其构成人员来自于大学等机构。然而，当他需要实际的结果时（比如说在军工生产方面）——他却访问了华尔街及工业巨头——纳尔逊、亨德森、威尔逊、努森，这都是一些非常务实的人。"大企业"（包括华尔街）中充满了"智囊团"，但他们并不会在屋顶上大喊自己的"优点"，也不会用各种头衔、绸带、奖章及制服来装饰自己。

在股市交易中，一定要学会对你自己的风险加以限定。只要你及时采取一切必要的措施，你就可能在市场交易中几乎遭受不到损失。每当你交易之时，一定要注意：可能收获的比例要比可能损失的更大。我这句话的意思是说，你不应只因某股票可上涨10%就去买进。对于那样的股票来说，它虽然具有10%的上涨空间，但也可能在一周或一天之内就损失10%或更多。因此，要买进可以上涨50%或100%的股票。即使它只能带给你40%的利润——你所承担的风险也只有10%而已。

股市动向——上百万人的表情——必然会反映出各种不同的

观点。我们常常更关注那些聪明的交易者，而不是"暴民们"。在一个民主国家中，大多数的人才会占据优势。在股市中，大部分（集合力量）的购买力（不是人口数量）才是最为明显的因素。然而，只有少数人占据着购买力、智慧及市场头脑，正是他们在交易中获利。因此，如果我们想要恰当地交易，我们就应该去做一次朝圣，到那些"大人物"的头脑中去，这些人物包括主要的工业家、政客、外交官、银行家、投资信托公司等等，通过向他们咨询，我们就可以深入地获知他们当时的所思所想。我们的头脑必须穿越茫茫大海，登陆国王、独裁者及首相等人物的宫殿。我们必须知道国际权威人士的想法与计划，并据此推论出未来的情况。

从表面上看，这似乎像一个"大命令"。但是，不要灰心。其实，这个世界上根本没有什么"大人物"。曾几何时，希特勒还是个"大人物"，还有"雨伞人"张伯伦。即使是统治意大利人民20多年的那个傻瓜——墨索里尼——也是一样。正是"我们人民"造就了他们那些人，至于他们的"伟大"和所占据的"地位"，那只是相对于"我们人民"的无知而言的。

将你自己置于暴民的那些"能力"、"工具"及"习惯"之外或之上，那么在理解"大人物"时就不会遇到任何困难。实际上，你或许会发现，他们并不"值得"你费力去"理解"。他们也是人——有些还丧失了某些人性。无论怎样，作为人类的成员，"大人物"也具有人类所具有的一切优点及缺点。因此，你必须要了解这一点——站在股市的角度去了解。

再谈谈
"顶峰"

我在前面曾提到，最重要的一点就是，你要训练自己这样去思考，在股市上涨时想到卖出，在股市低迷过后准备买进。同样的道理，如果你对自己的立场不确定，那么就不要去买进，这一点也至关重要。这样就推出了另一个原则，即不确定时退出市场。只有在看到事情按照你所预计的方向发展时，你才可以进行交易。"碰运气"将不会给你带来什么好结果。有时你会因为交易方向出错而赔钱，有时则因为你错过了能赚到钱的"交易时机"，而在这两者之间的差别是很大的。只有参与了成功把握较大的市场活动，你才能够真正地赚到钱。即便是到了那个时候，成功的"不确定性"也会占30%的几率。

在医药、法律及工程的专业领域中，"案例"和问题的意义转为诊断和实验。你有特定的事实、症状或基本因素，而你的"案例"或问题是围绕着这些因素而产生的。同样，在市场上，每一天都有其自身的"案例"。如果你正在交易，你应该在自己面前展开一些事实(正如在政治及经济领域中出现的事实一样)。我在读一些客户的来信中得知，很多客户在对市场没有丁点了解的情况下就买进股票，读起他们的信来真是一种悲哀。这些人只有在陷入了困境之后，才会想到要征求意见。在很多情况下，这就相当于把一个垂死的患者带到医生面前。结果只能是"太晚了"，也"太糟糕了"。

如何预见市场的顶峰和谷底，对此我会尽量给出一些具体的指导。这个问题在很大程度上取决于你想完成什么。你要知道，市场分为次要、中间及主要波段几个部分。有些技术人员甚至把这三个分支又细分为很多波段。因此，当你问自己这个问题时："我怎样认出顶峰和谷底？"——你必须先搞清楚，你要找出的是次要、中间、还是主要市场的顶峰和谷底。你的目标是爬上多高的山？在某些方面，方法是相同的——但在另一些方面，你需要采用不同的方法。其中，最难以确定的就是次要的波段。

首先，我会说明确定一次中间波段的方法。当你在思考市场运作时——你所需要考虑的不仅是现在，还有过去和将来。我们的国内经济和世界经济都是循环发展的。追溯到远古时代，这一点可以在《圣经》中找到证明。例如，战争、和平、建设及破坏的循环——饥荒与繁荣的循环，甚至还有"意识形态"的循环。

这种循环已达到最高潮，现在正呈下滑趋势。无论各派拥护者们追随的是哪一派，对于任何一派"意识形态"的纯粹性，他们都有理由感到失望。

在当前的这个时期，一个人从他的伙伴那里——从他的"烟袋和宠物"——从他的家和花园那里得到的满足感——都会多于追随新的政治及社会观念所得到的满足感，这种情况是完全有可能发生的。

然而，我的目标并不是向你介绍循环理论。为了实现我们的目标，我们有必要回顾一下，股市兴衰的循环规律大体如下：（1）1857~1864年；（2）1864~1877年；（3）1877~1881年；（4）1881~1896年；（5）1896~1928年。我们目前的市场仍然是1929年牛市的延续。鉴于交易的实用目的，我们可以先不去管1929年以前的事情——但是，我们绝对不能忽视1929年到现在的整个股市状况。

要想确定一次中间动向——例如道琼斯平均指数从93美元涨

到158美元以上——那么，你就有必要熟悉从1937～1938年至今的图表背景。目前，摆在我们眼前的显然是144～158美元的价格水平，这就像是一只骆驼的驼峰一样凸显。1938年5月，指数由98美元涨到了158美元，然后又从158美元回落到了93美元。因此，在考虑一次上涨动向的可能性时，你必须能够找到这一过程中的障碍，当前我们面临的一个障碍就是，1938年11月158美元的价格水平。随着市场将会越涨越高，一直涨到1929年的价格水平——其他的"障碍"还在一路上等候——不过，这一水平先要超出158美元（接着是194美元）。

那么，为什么说158美元的价格水平是一个真正的障碍呢？为什么人们会怀疑平均指数将突破158美元的价格水平而涨得更高（194美元）？

在上下浮动的过程中，平均指数就相当于一个晴雨表或标准尺，它可以用来衡量未来交易界的涨跌，以及"交易"所能够带来的利润。因此，你一定会问到——1938年11月的道琼斯平均指数（正确地）暗示着交易前景并不乐观，那么这一现象是否出于相同的原因呢？——所以，这表示未来的股市价格不会超过158美元。

换句话说，与1938年11月的情况相比，1943年7月（或是任何你想加以比较的"日期"）是否能保证一个更好的交易利润及红利前景呢？如果是这样的话，那么平均指数——依据其洞察一切的能力——能够看到一切——听到一切——将会上涨到158美元或更高。但是，如果不是这样的话，如果交易利润不会立即产生或者税费太高——那么除非上涨条件成熟，否则平均指数不会接近并超过158美元。

如果平均指数从1939～1943年的波幅起就开始上涨，并且超过了159～160美元的范围（比1938年11月158美元这个真正障碍高出2到3个点）——那么，这就表示明智的世界市场化舆论已经确定，1941、1942及1943年的交易状况不仅优于1939年10月的状况，而且还优于1938年11月的状况。然而，当时的平均指数还要照顾到希特勒先生。对于平均指数来说，希特勒曾是"资本主义"的敌人。因此，为了折现"希特勒"，平均指数便跌到了93美元。

在1942～1943年期间，随着联合国的前景变得越来越光明，平均指数适时地有所上涨，提前折现了希特勒的失败和资本主义的成功。一旦平均指数涨到146美元、墨索里尼认输，那么"平均指数"在这方面也就没有什么可折现的对象了。一切都变得十分明确。市场就像预期那样停滞不前，甚至有所后退，并且已经开始折现出和平的时代。

到目前为止，你知道，很多在市场上交易的人其实并没生意可做，因为他们缺乏对市场基本原理的了解。我们将这部分人称为"大众"，由于不具备"专业的"思想，他们大多在市场嘈杂之时买进股票，那时的市场就是像一个马戏团一样热闹。"敲锣打鼓吹喇叭"最能引来大众的注意力，结果他们便在1938年11月、1937年2月及1929年时以高价买进。尽管很多人都已经卖出——或者甚至还有人因保证金受损而做出"清理"——但很多人仍将自己看成是"长线"投资者，因此他们手中仍然持有股票，这些人也就成为了我们所谓的"无意识的永久投资者"。

风水轮流转，而且就像博斯少校所说的那样："机遇转啊转啊转……转到什么时候，无人知晓。"

有些人发现自己经济上有需要，于是便决定，一旦最后的那次"不幸交易"能够实现"不赔不赚"，他们就永远退出市场。大多数旧时的股东都会在价格水平到达158美元时感到害怕，唯恐市场会再次下跌到93美元的价格水平，因为这种情况会导致供过于求。还有一些人以93、112或126美元的价格买进，他们合理地考虑到，上浮到158美元的动向是值得期待的——这些人此时便急于获利。那么，这种情况也会导致供大于求。

因此，先前的一个抗升点（如158美元的价格水平）自然会再次证明其坚韧性。在寻找动向停止点的过程中，我参考了自己绘制的图表，并立刻注意到了158美元的价格"驼峰"。用不了多久我们就能确定，这次动向结束点是155美元（3点以下），因为供大于求将会导致市场下跌。请注意，我在前面提到过，大众曾以158美元的价格买进，我当时的意思并不是说，他们所有人都会在最后一天买进（在这个例子中指的是1938年11月，当时我曾建议我所有的客户都退出市场）。还有一些人是以较低价格买进的。关于这一点，你也可以在图表上学到。

事实上，一张关于"交易量"的图表会告诉你，在每个点上大约卖出了多少股票——股市是涨是跌。通过进一步研究，你会发现，当达到158美元的价格水平时，市场并不会直线下跌。通常情况下，市场是不会出现这种大幅波动的。正如"他们"在上涨过程中所做的那样，在股价下跌的过程之中（达到顶峰之后），"他们"同样会把股票卖给"投机商人"。通过观察这个图表，你一定会注意到，市场已一连数月围绕着144～145美元的价格水平浮动。很多交易者以144美元买进，这一价格是由158美元的价格反转而来的。他们认为自己买到了"便宜股"——价格低了14美元。因此，你必须将你的计算建立在这样的假设之上：股票会遭遇144～158美元的价格水平，并由此而导致市场下跌。在我对1943年市场所做的调查中，我曾反复强调，股市将在144美元的价格水平上遭遇一些困难。结果，市场停滞在了146美元的价格水平上，而我的客户们也对各自的股票进行了清理。

我们寻找"轻松之旅"的唯一时机就是，当平均指数突破158美元继续上涨之时。为什么呢？因为在通常情况下，如果交易者为某些股票"标价"，你就会想到，持股者会依据这一"标价"卖出股票——或者依据"要价"。然而，一旦平均指数突破了158美元，从93～158美元的股票持有者要么已经售空股票，要么继续持股，寄希望于出现更高的价格。像他们这样不让买主得到股票，其后果就是"买方标价"的提高。从这一水平开始，股市将暂时保持明确之势——因为没有股票可以供应给直接投标者。对于那些想卖出一些股票的人来说，他们只会在获利较大的情况下才会卖出。这就意味着，股价将会有所上涨。由于158美元以上的股票处于"真空"状态，所以这些股票将会涨得很"轻松"。同理，一架飞机的起飞要靠其螺旋桨的推动，因为螺旋桨能产生真空状态。

你需要自己去进行推论。如果一个人有长期持股的勇气、韧劲和耐心，可以等到新高价格的实现——那么，他为何还要以高出1938年11月以来最大抗升水平一或两个点的价格"甩掉"股票呢？对于长期持股（或者以低于那一水平的价格买进）的交易者来说，他们知道一次巨大的涨势正在形成。如果他们当时产生了相反的想法——那么，他们早就会以158美元（或以下）的价格处理掉了手中的股票。这样做的结果就是，市场将会变得"交易呆滞"，"架子上"待售股票的交易量也会很小，——每个人都会期盼更高的价格。突破158美元的涨势将会使平均指数升至173美元。此时，一些"波段"交易者将会卖掉他们手中的一部分股票。价格将可能会在这一点上继续盘旋，直到"获利"时间的结束，供应减少或是完全消失（从理论上讲，在没有迫切危险的情况下，1937年的熊市以165美元开始，而有些股票目前仍然处在这个水平）。

这里有几种确定停止点（从158美元起上涨）的方法。一种方法就是，将平均指数在抗升点上的价格增加10%，然后暂时不用去管它。换句话说，由于以前的平均指数是158美元，158加上16，这样平均指数就涨到了174美元。至于其他方法，我们将在后面进行讨论。

记住，市场价格可以评估出各家公司的未来收益。如果一家公司的普通股预示着可观的未来利润、收益及红利，那么该股票的价格就会有所上涨。通过计算任何一种股票在过去五六年的平均价格，你会发现，这些股票都曾得到正确的标价与折现——从那一时期公司的平均收益(或前景)来看。

对于头脑清醒的长线投资者来说，他会在得不到收益时买进股票——以低价买进——然后持股数年。当收益增加时，他就会卖出自己手中所有的股票。事实上，他已经持股很多年了，但是，将他所投资金中的支付价格及费用利息平均化，与他本可以通过做抵押、房地产或债券而收到的利率进行对比——他还是在特定时期内投资于普通股更划算。

有时，投资者把自己的钱投在普通股上——有时投在债券上——有时放在银行——这取决于债券的利率和分红，相对于股票红利的收益或几年内股票的升值潜力来说。正是出于这个原因，每当债券的价格下降，普通股的价格就会增长。投资者会卖掉手中只有"固定"收益的债券，转头去买具有更大价格升值潜力的普通股。还有一种可能性，普通股的红利通常高于债券或银行的利率，这一点或许是投资者可以保证的。

对于一个聪明的投资者来说，他会依据时间因素转换投资对象，从股票转到债券或银行利率。他所奉行的原则就是，哪里能确保最高收益就转到哪里。对于一个"优秀"的长线投资者来说，他不会将自己的收益局限于一种形式，他会顺着收益及利率的趋势而行。不过，他的妻子却只能顺着天气而行——从佛罗里达到北方——到加拿大之后再回来。俗话说得好："人生潮起潮落，若能抓住机遇乘风破浪，必能马到成功。"

当银行有"闲散资金"时，其利率便会下降。如果人们对于资金没有需求，那么银行就无法支付利息。在交易量已经或正在增长之前，闲散资金便会向普通股靠拢。随着交易的逐渐发展，闲散资金就会投向工厂、商品、存货及设备等等。因此，人们对于资金的需求就会增加，而利率也会随之提高。此时，很多普通股已经大幅度上涨，因为商业图景在几个月前就已折现出来。于是，投资者卖掉了他们手中的普通股（在获利的前提下），然后把钱（或是以债券的形式）存进银行，等到下次循环出现时再去取出利息——此时的普通股处于低价水平，因而适宜买进。

很明显，为什么各种普通股在涨势中的表现是各不相同的？与不支付红利的股票有所不同，稳定支付红利的股票并不会急剧上涨。人们对于红利的期望会使不支付红利的股票有所上涨。至于那些定期支付红利的股票，它们并没有多大"前景"可以折现。支付红利的股票价格"相对"稳定，因为红利毕竟是一个众所周知的因素。一直以来处于"赤字"状态的普通股正在"赢利"，在这一"预期的"转变过程中（从赤字到赢利），普通股将会进一步上涨。正是由于这个原因，熊市结束时的"便宜"股比"绩优"股的上涨率更高。此时，"便宜"股便处于"赤字"状态，而"赢利"才是交易者们所盼望的前景。正是结束赤字状态并进入赢利期的"希望"，促进了这一上涨比率的提升。

在这两页当中，出现了大量浓缩的"经济学"原理。单就这一主题展开，就完全可以写成一本300页的书。然而，请记住，在二战期间，正常的经济学法则却是不起作用的。只有上帝和罗斯福总统才知道，正统经济学是否还会重新抬起头。罗斯福及其新政社会改革，再加上政府对战争工厂的融资（或许也是对和平"转化"的融资）——"最高限价"——这一切都已对经济法则的正常运行造成了破坏。在新政的影响之下，"市场动向"也发生了变化，它所能"折现"的未来事件变得越来越少。市场越来越"不正常"，就像脱了轨一样。这对于我们这些"世故不精"的人来说是有利的。

让我们回到道琼斯平均指数这个话题上来。这些平均指数不断地表现着各种股票的特性。这些股票包括以下种类：铁路股、工业及公用事业股。其中还包括一些支付红利的股票，如美国电话股、保洁股，还有很少支付红利的巴尔的摩和俄亥俄股。在174美元这个交叉点上，我们想要确定下一个停止点。我们将再次利用相同形式的算数逻辑和常识。通过仔细观察我们过去几年的行情图表，我们会发现，从1931～1937年这六年期间，道琼斯平均指数的高点为194美元。在经历了1929年那次大溃败之后，平均指数用了六年时间才涨到194美元。在接下来的六年期间（从1938～1943年，包括1943年），平均指数没有向194美元靠近。平均指数是否会从174美元上涨到194美元以上——或者194美元就是停止点？如果是这样的话，这个停止点能持续多长时间？

要回答这个问题乃至其他的市场化问题，那就要看你采用什么样的方法。然而，你还应根据当时普遍的"时间因素"对你的方法进行调整，如果这一方法的"定时"合适，那么问题的答案便会与即将发生的事件形成契合。

毫无疑问，你已经听说，某些"分析专家"能提前10年说出问题的答案。如果一个分析专家每月都能准确预言10年之后的情况——那么对于我们主要的投资信托机构、银行和金融机构来说，他应该是一个以任何价格都能买来的"便宜货"，他甚至可以去做罗斯福的"智囊团"主席。事实上，我们根本不可能对未来某一时期的市场动向做出预测。在很大程度上，市场动向取决于市场上那些人的思想、心理及计划。我在前面提到过，控制这一切的是我们的政治领袖和企业家们（以及突发的战争）——而他们的行为是不可预测的。要解决"摆脱贫困"问题的方法（从根本上说）——即将到来的"和平"——俄罗斯对于欧洲的野心——新政——税费——通货膨胀——罗斯福——这些才是控制未来十年股票价格走向的因素。

谁曾预见到了1933年真实的希特勒？我记得，在1933年的一个演说上，演讲者向全世界发出警告，希特勒正将德国犹太人和天主教徒当成"豚鼠"，展现给世界上所有剩余的民主国家。但是，没人拿他的话当回事——现在我们牺牲了成千上万孩子的性命，他们为我们的缺乏远见付出了惨痛代价。

墨索里尼是否预测到了他的"王国"将会发生的事？张伯伦提出了"和平就在我们这个时代"的观点——他是否预测出英格兰百姓遭受炮轰或敦刻尔克溃败及考文垂事件？斯大林是否曾想到过他会成为希特勒的"蹩脚搭档"——他是否想到过自己不久便会遭到攻击？我们的国会和参议院是否预测出了我们与德国的另一场战争？当约翰·路易斯拿自己在产业工会的领导地位打赌威基会将会当选时，他是否想到了罗斯福会在民意测验中的获胜？希特勒是否预测到柏林会遭到无情轰炸？你现在是否能预测出"大西洋宪章"的命运比"威尔逊十四点原则"更惨？（至于那些真能预测出来的人，他们就是罗斯福所谓的"不爱国者"）。我们五年或十年之后将生活在一个什么样的世界之中？你我是否能预知？所以说，谁又能从现在起逐月预测出未来十年的市场动向呢？我发现更有利更实用的做法就是，在每个市场障碍点上（如158美元，174美元及194美元）预测政治及经济形势。我会在这个点（"障碍点"）的基础之上做出判断。得到这一引导之后，我将会受益于"市场动向"、"当代历史"及更多常识。

让我们再回到平均指数这个话题上来。目前，人们所能确定的一点就是，由于七年以来194美元一直是一个抗升点——我们可以假定这是一个难以跨越的"难点"（不过，由于通货膨胀及美元购买力的降低，人们可以轻松地跨越这个障碍）。这里，我们将再一次用到前面的推理方法。

你会在图表上发现，165～194美元之间的波幅曾表现出极为活跃的市场活动，自1936年起就处于这种状态。因此，你就不难发现，很多交易者都在1936年买进（165美元左右），持股到1937年股价涨到194美元之时，但是他们并没有卖出而获利——在1938～1942年股票下跌之时一直持股。根据同样的推理，你可以推测出，任何人只要在1937年以194美元买进，并在1937～1941年间一直持股，那么他们就不是优秀的交易者。对于这样的交易者来说，他此时很可能已经对市场心生厌恶。当然，持股七年对于他来说无利可图，因此当股价再次达到194美元时，他或许就会卖光手中的股票，然后长叹一口气并退出市场。

你还可以推测出，这种交易者没有取得市场理论及技术上的进步（我的经验是，江山易改，本性难移）。这种交易者总是像他初次涉市一样，对于市场知识一无所知。尽管你我都能预测出道琼斯平均指数将会在1949～1950年达到293美元——而他却看不到这一点。结果就是，很多股票都会以194美元的价格售出。至于那些愿意以突破160美元的价格买进的优秀交易者，他们会在股价接近194美元时兑现"账面"利润。这种现象同样会导致供大于求，因为考虑到实用的目的，你应该在190～192美元之间卖出股票获利（比他们高出几个点）。

或许还有这样一种可能性（虽然可能性并不大），在你以192美元抛空手中的所有股票之后——市场将会像火箭一样穿越194美元——把你"悬挂"在那儿。我将会利用这次机会，因为当股价超过200美元或者更高时，我可以再次进入市场（等待上涨到293美元）。根据1936～1943年的图表显示，逻辑与常识都表明，194美元将会成为一个强劲的抗升点，此时多头交易与空头交易都会供应更多的股票，那些寄希望于价格反转的人便会以194美元的价格进行交易。如果以192美元的价格卖出，你就会发现自己处于有利地位。在194美元的价格水平上，市场将会出现一次大幅的反转（或许是作为"测试"，在力争涨出100点之前，股市甚至会回落到93美元）。

如果市场涨到了接近194美元之时，那么你最好记住，市场会在一定程度上折现"通货膨胀"。因此，你可以预测出，在194美元的价格水平上出现回程反转的几率至少应有三成。换句话说，在以接近194美元的价格售出之后，你应该预计市场将会下跌到160～158美元。回程下跌的幅度取决于当时的经济及政治条件——以及在达到194美元之后数月或数年的预期条件。第三次世界大战会发生吗？——或者出现阻碍进一步繁荣（赋税）或通货膨胀（政府补助和控制）的因素——你能预计到一次全面的回程下跌（93美元）或更低。我们是否应该看到"摆脱贫困"正在世界范围内（或者仅仅在这个国家）成为普遍现象？——我们在美国为这个巨大的工程提供必要的食品及物品，用我们自己人民的赋税来买单——此时的市场价格便会进一步反转。或许，股市想再次"测试"40美元（1932年低点）这一价格水平。

当然，以上情况都建立在市场让位于160美元的基础之上。当我在著写这本书时（1943年9月），股市仍然处于158美元以下的水平——到达该水平是市场的第一个目标。为了未来及实用的目的，请你盯住158美元，而不是194美元（当然，市场确实在1943年7月遭遇其第一个障碍，144～146美元之间的价格水平）。

我想，到目前为止，你已经知道如何确定中期顶端及中期谷底了。通过观察中期趋势，你就可以进行良好而又安全的交易。次要趋势太危险了——主要趋势不能确定，就像是赌博未来一样不靠谱，该趋势可能与常规预期完全不同。与主要趋势投资的利润相比，那些"熟悉内情"的人可以获取更多更安全的额外利润（通过中期交易）。中期趋势与次要趋势交易相比有一个优势，即无需次要趋势所要求的持续关注。因此，令人心疼和头疼的事情变得越来越少。次要趋势的波动多多少少有些剧烈——似乎没有节奏和理由。此外，中期趋势适用于依据平均指数、图表而进行的个别股票交易。由于不确定次要趋势及何时为"主要"趋势，图表的"解读"还很不完美。次要趋势和主要趋势就是交易的两个"极端"，因此奉行中间路线总是一种谨慎的做法。答案就是中间交易。

现在，我们应把注意力转向个别股票，并讨论一下如何确定你所买卖股票的顶端与谷底（在中间及次要交易中）。这个问题会有一点点难度，但我将尽量告知你一些可行的办法。当这个任务完成之后，我会继续解释如何确定中期及主要趋势的问题。

图表能够指出一支股票的未来——通常可以十分精确地指出股票的顶峰和谷底。尽管平均指数可以反映出市场的总体情况——这一点你必须关注——但你显然无法买进"平均指数"。为了获利，你必须买进某一特定的股票，该股票要么属于构成平均指数的股票，要么就不属于那种股票。试想，尽管平均指数可能总体上处于涨势，比如上涨了10%，但某些股票可能一点也不涨，或者甚至会下跌。这一事实可以从战争"高峰"早期时某组特定股票的动向中得到很好的证明。当时，钢铁股、铜矿股及其他一些"战时宠儿"股都有所上涨，而很多绩优股、尤其是那些支付红利的股票（消费品股票）却有所下跌或是停滞不前。在1942～1943年间，情况却恰恰相反。目前，市场正在折现的是和平，而不是战争。

显然，如果你想在市场上赚到钱，那么你就必须要提前知道，哪组股票能够涨得最快。下一步就是，从每组中选出一或两支股票进行交易。正如你不能"买进平均指数"一样，你也不可能大量买进整整一"组"股票。与确定顶峰及谷底的过程一样，选择的过程也是至关重要的。只知道某一不上涨股票的谷底，这对你来说没什么好处。这就好比你认识一个又漂亮又聪明的女人，但令人难过的是，她已经"永远地离开这个世界了"。关于如何选择交易组群及股票的问题，我们将在后面进行讨论。目前，我们只针对个别股票的次要及中期趋势进行探讨，并确定一些交易的方法。要实现这一目的，关键就在于图表的利用。

一定要仔细地研究图表(过去的历史)，因为这会有助于你了解其他股票的未来动向。但是，不要以为你能依靠过去的图表来判断某一股票未来的动向。尽管股票动向的特点、速度等因素可能是相似的——但不同的动向并不会遵循相同的角度、抗升点及趋向线。同理，不要受某一股票先前高点的误导。该股票曾经达到过那个点，但这并不意味着相同的情况还会再次出现。因为，条件是处于不断变化之中的。你手中的股票并不见得属于前景良好的行业——而是可能还远离"成熟"，因此便注定会逐渐下跌。这种推理同样适用于研究股票的"低点"。这一低点会跌到零点，或者再从零点回涨——这个点或许不会再回到以前的水平。同时，该股票或行业的状况可能也会有所改善。

有弗学，学之弗能，弗措也。有弗问，问之弗知，弗措也。有弗思，思之弗得，弗措也。有弗辩，辩之弗明，弗措也。有弗行，行之弗笃，弗措也。人一能之，己百之。人十能之，己千之。

果能此道矣，虽愚必明，虽柔必强。

—— 中国儒家经典 ——

"通道线"与
"趋势线"

　　我们将整个股市与每支股票比做一列运行的火车，这是一个中肯的比喻。火车可以向后开也可以向前开——股票也是一样。火车可以每小时可以运行100英里，也可以每小时只运行2英里，股票也是如此。当汽锅过热时，火车会放出多余蒸汽，股票亦然。火车中承载了很多水——股票也是一样。

　　因此，通过将股票比做铁轨上行驶的火车，你就立即可以想像到火车脱离铁轨的后果。重要的是，你的股票或股指要在你为其规划的范围内运行。将你的股票或股指放置在一个轨道中，并期望它们可以在这个范围内运行。

　　一列从纽约开往芝加哥的列车，会在中途一些重要的站台有所停留，如奥尔巴尼、罗彻斯特、布法罗、克利夫兰、托莱多等等。无论股市运行得多快，你的股票也需要在中途做一些重要的停留，然后才能到达终点。这些停留点被称作抗升点。正如特快火车只会在重要地点停留，你也只需为自己的股票选择重要的点。铺设两条轨道，一条较高，一条较低。由于所有图表都是从左至右发展的，因此按照这个模式铺设你的轨道(到此为止，情况好像变得令人困惑了，但是阅读完整个章节，然后再次阅读整章，你就会明了了)。

　　在建设轨道前，我们必须首先选择一个接触点来确定它。换句话说，必须找到"枕木"。铁路的枕木是水平而且平坦铺设的，股市的接触点是垂直并有一定角度的，这取决于股票运行的习惯与某种特殊的趋势。在铺设轨道之前，你必须找到三个"动向"点，必须找到一条对角上行线、下行线以及另一条上行线，反之亦然。自然而然地，这就形成了三角的基础。然后，连接三角中两段已经结束的动向，为股票运行铺设轨道。校正下行动向是由第一条线的顶峰发展而来的。这只不过是"测试期"，并不会形成主要趋势，因为它只在第一条线的开端做短暂停留。

例如：股指从121点上涨到128.75点，然后下降到125.25点。这就是你趋势线的起点，确定它。下一步是以这两点为基础画平行线，其目标都是顶峰128.75点。随着股市的发展，你也要不断延伸这些趋势线，通过股市下行造成的下行轨道引导自己。当你发现第二条以及下一条底线比上一条高时，你就应能识别出上涨行情的开始。理论上说，这是你的股票应该运行的轨道。

在上行运动中，该股票的次要抗升点或股指达到上行轨道时，通常都是次要趋势交易者获取利润的的时机。相反，当股指达到下行轨道时（次要趋势），通常都是买进的时机。除非"下一步提示"出现，否则就假定股票或股指会在你描绘的轨道中运行，这个轨道已经提前数月就画在了你的图表上。

通常，股票都会上升超出轨道几个点位，然后会开始下跌并从自己的轨道"溢出"。然而，总的来说，这种动向表示一个强劲点。如果该股票没有达到上行轨道的顶峰，那就是股市转弱的证明。反过来，同一原则也可以用于下行运动。当股指突破较低轨道时，这就是疲软的信号。然而，这不过就是"虚假动向"或是"溢出"。当这种情况发生时，你就要重新建造轨道，从"虚假动向"的停止点开始建造，股票正在为其自身建造一条新的轨道。

当某股票（或股指）达到你所描绘的轨道底部时，这就成为买进的安全时机，因为股票很可能自那个点开始上涨。那么，该股票有没有可能下跌一两个点位呢？假设它会因其所表现出来的弱势而一直顺着那个方向运动。如果你在底线买进股票——认为该股票肯定会沿着上行轨道上涨（而事实并非如此）——为了弥补你的损失，卖出你之前所买进股票的两倍——（100支长线股票，100支卖空股票）。通过卖出足够数量的股票，你可以弥补在底部买进时所产生的损失。

当你持有股票（当股票到达轨道顶部时你没有卖出）时，而且股票突破了轨道高点——继续持有，看看这支股票能走多远。可以假设你的股票正在建造新的上行轨道。我们无法说明股票最终会上涨到何种程度（在之后的章节中，我会给大家介绍，确定股指上涨到确切点位的方法，然而"通道"理论的设计主旨并不在于此）。

当你所选中的股票接近上行轨道时，继续关注你的股票。如果在那一点，即上行轨道上1至2点时卖出所有股票，那就是非常安全的做法。你可能想冒一下险，看股票是否能超越轨道继续向上攀升，但我认为，还是假设这种情况发生的可能性不大比较安全，因为理论上说，股票应该在轨道内运行。如果股票的确突破上行线1至2点，补进卖空出去的股票。在大多数情况下，你可以通过买进两倍于卖空股票的数量，来弥补卖空所带来的损失，假设该股票会再次冲破上行轨道的上线——继续上涨运动。在卖空时你已经损失了两个点位，你可以迅速填平损失的方式就是，买同等数量的股票——因为根据假设，股指会继续上升2到3个点位。以上所讲的内容只适用于波段交易者。

只有当你发现顶部正在形成时，才能卖出股票。股市此时是处于强势的，因为它突破了运行轨道的上行线。股市会反复吗？再一次回到它的轨道——突破上行线，下跌到上行线以下——这就到了卖空的时候。不要再理它，直到回到底线，这时你可以补进卖空出去的股票（但你要记住，通过突破上行线，股票显示了强劲的势头，不能卖空这支股票，选择较弱的股票去卖空）。

如果某股票突破底线1或2个点位，而且你发现，它又突然回升至自己的轨道（在它的突然上涨中，超过了股票底线一两个点位）——这就是你补仓的好时机，在上升过程中，买进适当数量的股票，这些股票再次到达上行线时将耗尽自己（反之亦然）。

股票或股指是否会超越轨道、并且开始构筑下行轨道呢——例如：你的股票价值145美元，然后下跌到136美元，之后又上升至144美元。最终这一动向停止在143或142美元之上——画一条次要趋势，连接所有这些相对高点和低点。按照目前的假设，股市处于次要趋势中。当股指达到新的下行轨道的上行线时，我建议你卖空股票。同时我还建议，当股指达到新建造轨道的底部时，你要补仓或再次买进（上述所有理论都是为波段交易者设计的）。

在下行趋势中，如果你的股票或股指突破次要底部线，这个底部线是你以前就根据以下几点画出的——136、134、129——虽然你在主要趋势底部线的突破点上已经补进，但这又到了卖空的时候。这表示，这一级趋势正在逐步发展成中期或主要下跌趋势。然而，这一空头头寸应该再次补进，当股票（或股指）再次时进入与中期趋势底线交叉的次要趋势点时，你可以买进做长线交易。因此，你可能会假设，直到达到次要趋势的上行线之前，主要趋势依然在发生作用，因而可以弥补损失并重新买进股票。股票或股指可以突破你次要孤岛中的上行线吗？你可以买进更多股票以待股市上涨，直到股票或股指达到主要上涨趋势中的上行线为止（注意：在图表中跟踪所有动向，这样才能明白我的意思。如果开始不太清楚，那就一步一步地重复整个过程）。

这次你可以学到的是股票在轨道内的运行（上行线和下行线组成的运行轨道）。理论上说，一支股票不可以脱离指定路线而运行。我在几个月、甚至几年前就铺设了这个轨道，通常股票还是在轨道范围内运行的，偶尔会超越一部分——提前绘制未来几年的图表。在我的个人股指图表中，我提前画出了1937～1943年的走向，而股指的确从未超越我为这六年制定的轨道。当1943年，股指出轨（达到130点）——这是牛市到来的信号——扭转1937年股市崩溃——而且我的图表也预计了股市将上涨至293点。在我的周刊《股市调查》中，我和我的客户交流了这一事实。

只有在反常期间，股票才会突破其自身的轨道——也许上升也许下跌——勾画出一条尖锐的、纵深的、垂直线。1939年9月期间，后来在1940年11月期间，战争团体股票脱离了自身的轨道，沿着纵深的垂直线发展。一种不正常的"过度"乐观或悲观的情绪，导致了股票脱离自身的轨道而垂直发展。因此，我们不可能"读懂"图表的结果。如果这是一条上升的直线，会形成一种我们称之为"旗杆"走向的"旗形"。当"旗形"无法保持最好状态时，我们最好做旁观者。

1939年10月，很多股票显示出了这种类型的图表，这通常传递了一种信息，即这些股票还在等待进一步的增长，在其自身影响范围之外已完成了"旗形"走向。"旗杆"动向很少产生进一步上涨的结果，另一杆的下降非常有可能开始发展。因此，图表形成一种"斗篷"的形状，"中断的"动向已经结束。刺激股市上涨的动力已经被相似的下跌运动抵消了。旗形走向（有六角旗杆）很少出现，因此我们需要专心致志地研究正常的股市运动。

我之前曾经说过，每一张图表背后都包含着心理因素。正如心理学家可以通过人们的某些行为表现，分析出他们的精神状态一样，图表也可以用同样的方式来加以解读。要想成为一名成功的交易者，按照此方式想一想图表背后的原因。图表可以逐渐自动解释原因，并且在合适的时间成为激发你行为的因子。但是"心理"是推进力，因为这些配置是属于人类的，是有生命的，是思考的结果。只有在你可以读懂图表时，按照图表显示的征兆进行交易。想象一下，这是一个人的照片，而你正试着读懂他（或她）的性格。但是，与读懂一个人的性格所不同的是，你可以把美德或者本来不属于这个人的特征加在此人身上，但读股票图表就不可以这样，你一定要实事求是，克制自己"奉承"图表。股票可不吃这一套——如果你这么做，它只会惩罚你，让你蒙受金钱上的损失。

如果图表呈现连续性地曲折上升，并且产生了高于以前高、低点的顶峰和谷底，这时我们就明显处于上升趋势了。股市运行趋势将持续牛市，直到出现类似的下跌曲折图表，形成新的顶峰和谷底。通过读图表，你的目标可以得到进一步完善，那就是在牛市"开头"或超过一两个点位时，买进并抓住牛市结束的尾巴。如果你完全理解消化了我的《股市调查》，你就会知道这个目标是可以达到的。我从来不会等到"下行"模式出现之后，才去确认牛市行情已经过去了，我的目的是在顶峰时就确定这一情况。

现在，我们来对以上内容做一个简要总结：接着上面的假设来说，假设某股票刚刚结束下行运动，正在开始构建上升的Z线图——开始引导股市动向，将两条Z线图连接起来。用铅笔画出一道线，连接#1底部（较低底部）与#2底部（较高底部）。当上涨行情到来之时，两个底部自然会出现。如果这两个底部（#1和#2）比较接近，那么就形成了一个双重底，而不是上涨运动。如果#2底低于#1底，哪怕只差0.125个点位——这就代表了继续下跌运动，此时你就看不到图表上的"基本图形"。如果没有看明白某些东西，就不要把它画在图表上，不要将想象呈现在图表上。只有当两个底部清晰明确地呈现在图表上时，你才可以确定上涨运动的开始。将你的铅笔线延长几英寸，越过第二层底的右边。两个较高的底相连后，画出平行线连接顶部（借助平行直尺作图）。#2顶应该比#1顶高——如果不是这样，那就不是上涨运动，而是一个双层顶，这意味这该股票不会上升太多。顶部通道应与底部通道平行。换句话说，如果#1顶和#2底之间的差距（有一定角度）是2.25英寸——注意，趋势线已经画好，整个通道应该是2.25英寸宽（当然有一定角度）。（平行直尺会自动量好。）

　　绘制股票运行图，你要每天记录高点和低点，直到第三层底出现（我用红色铅笔标注低点，黑色铅笔标注高点）。通过股票开始转向上涨的事实，你可以看到第三层底开始构建了。在正常情况下，你可以看到#3、#4沿着你勾画的#1、#2通道出现。一般说来，你提前从#1和#2延伸画出来的通道，将为#3和#4产生动力。只要情况保持正常，并且对上涨有促进作用，这一通道内的上涨行情就不会改变。股票到达上行线之前，下跌运动便会开始，股票也会由此而显现其弱势。下跌运动触底之前，上涨运动开始之时，股票走势强劲。但是，在#5顶部或底部发生逆转时，那就会产生例外的情况。

　　我给大家举一个最近发生的"活生生"的例子。事实上，我列举的大多数或全部例子都是真实的，甚至在我书中提到的那些"过去发生"的以及"奇异的"例子都是真实的故事。现在我要列举的这个"活生生"的例子发生在1942年3月至4月间，我正在为你们解读我的个人图表。可能我给出的数据不一定能"击中要害"，但是图形肯定是精确的。

　　1942年4月10日，股市正处于下跌趋势，而我正焦急地等待股市兑现我93点的预期。在我的职业生涯中，实现一个兑现的预言就像增加一根装饰羽毛，这可以增加人的信心。在5月2日前后，股市的低点为92.75（或者在那上下）。然后，股市开始上涨。我非常有信心，这就是股市的谷底，于是我开始为上涨趋势画图。不要忘记，直到这一天到来之前，股市一年以来都处于中期下降趋势。我要为此上涨画一条绝对完全的新通道，从哪里开始呢？我不能再等几个月让股市自己去完成这项工作。我的客户需要准确的建议，我必须知道上涨的程度与角度，以及行情将在何时发生变化（次要的）。

然而，在这一问题上，我所处的位置比你好一些，因为我图表上所绘的情况持续保持上涨，而且过去的历史告诉我事情会这样发生。所以，在这一章中，我不再给你指令，而只是会回顾我的图表。

我发现，在1942年3月14日至4月18日之间，股市上涨了三次，但都没有突破103点。自那以后，股市便下跌到了93点。我量了一下（用尺子）93～103之间的距离，我得到了两个点的角面接触。通道的顶点是103点，谷底是93点。沿着这个角度，我提前为以后几个月的股市走向画出趋势线。通道的高度是10个点位，角度为103～93点之间。

股市的表现是否证实了我的预测呢？请继续跟我一起来解读我的图表。大约在6月13日，股市上涨到我的上行线（击中要害），然后便出现了衰退。这种情况第二次出现是在6月20日，然后又一次出现在了7月15日，股市并没有超越我的通道。到了7月15日，在这次上涨动向中，我已经得到了所需的三个接触点，这就验证了我的论点，即我大概是在5月份建造的这一通道——虽然当时我只有两个接触点，其中一个是之前下跌动向中的支点。1942年8月至9月，股市处于104～105点之间，准确地下降到了我所设计的通道底部线，但并没有超出这条线。1943年4月，股市上涨到了134点，这又一次验证了我所画通道的正确性。

从那时起，股市开始发出"溢出"的信号，股市动向表现得不再"健康"，人们太过乐观了。然而，根据这一章提出的原则，我把通道"提升"了一英寸。股市还是严格按照这个新的通道运行，并在144点上证实了我的理论，但离我所画的顶峰有0.25点的距离，我从中看出了弱势。这一现象证实了我几个月前给客户的建议，即144点是顶峰。股市达到了146点，但已低于上行趋势线的两个点位。那时，股市转为疲软的情况已经非常清晰。在下跌趋势中，我坚持让我的客户们兑现所有既得利益，以免被套住，并将止损点提升至141点。在我写这本书期间（1943年9月），股市下跌到134～138点，跨越了通道的底部线。

如果你手上有道琼斯平均指数图，那么你就能更容易地看清以上数据，这些指数图是十分可靠的。

按照上述方法为股票运行铺设轨道，这是十分重要的。上涨行情开始出现时，画出Z形底，加上与之平行的Z形顶。在下跌行情中，反向操作这个过程，先画出Z形顶，再画与之平行的Z形底。通道中上涨与下跌的走势，通常是用标准尺度来计量的，事实上，这描述了某股票或某股票"支持者"的特点。一支股票，例如美国辐射股，其本身处于10美元的水平之上，因此不可能在任何方向走出18个点位。但是，这一点对于绘图来说用处很小，因为股票运行通道是由真实的股票动向所组成的。如果美国辐射股真的上涨或下跌了18个点位——那么，沿着其动向画出你的通道图，就好像一个画家沿线拓印自己的副本一样（即使是延伸至窗户之外）。不过，这种情况很少发生，除非在"旗形走向"图中。

把股票看成是有灵魂和精神的东西——活生生的、积极的、敏感的——而不要把它当成几张可以乱扔的纸片，没有原因或节奏，没有快乐或痛苦。股票动向不仅反映了无数持有者的希望、渴望、心理，也反映了股票"老板"的性格。大多数股票都有自己的"老板"（天使、赞助者、推销员、投机者、内部人士、支持者等等）。"他们"说摩根的老板是美国钢铁。那些对某些股票有特殊兴趣的人，会对股票实施其特殊的计划，这些计划与这些人的性格及目标是一致的。

股票大多数时候都在上下起伏，这是为什么呢？只是因为股票是我们经济结构的内在基础。一个鞋店经营者或管理者的经营方式是，低价买进鞋(批发)，高价卖出(零售)。当货架空了的时候，他就再以低价(批发)买进，并重复我们刚才讲过的过程。在现代销售中，这一过程是连续的。例如，只要"投资者"卖光了10码半的鞋，他就会立刻再次订购，这样可以保证卖出更多的鞋。

然而，只有一点基本区别，鞋被买回来、穿过、然后扔掉。人们要制造新鞋，以取代那些已售出的鞋。店主不会从顾客手中买回那些已卖出的鞋，而是向工厂订购新鞋。在股市中，很少有新的股票发售。对于交易者(店主)来说，他只能通过再次买进自己曾卖出的股票，才能延续整个过程。因此，他的日常经营就不仅仅是以出售获利，还包括再次以低于他卖出的价格回购他已经出售的股票。否则，他就不能指望交易的继续运行，因为没有鞋(股票)可以卖了。这需要花费一些时间，交易者需要经历两段截然相反的心理历程。——令人欢喜的高价卖出时段——心怀压抑的低价回购时段。他必须耐心等待这两段时间，因为他不可能自己创造时间——除了等待证券交易委员会的进一步行动，他几乎没有别的办法来加快整个进程(交易过程)。

在一些股市特例中，如1920～1929年期间，同一交易者在50～100美元之间的价位卖出股票，后来他发现股价已经上涨到125美元了。当他认识到股价可能上涨至300美元时，他(买主)又开始以125美元的价格买进股票，这样他就能在该股票上涨至200或300美元时卖出。交易者失去了控制权，通过不加选择地出价，大众将股市牢牢握在手中，迫使交易者以高于他第一次卖给顾客的价格回购股票。但是，这都是例外情况，我们最好还是不要指望这种例外的发生。

通常，在某股票的下跌期间，交易者（或者优秀的职业交易者"你"或"他们"）会积累其趋势图。当心理时机"成熟"时，交易者开始逐渐提高价格满足大众的需求。当他把自己的"趋势图"卖光时，股市已经兑现了上涨行情，然后价格开始下滑。这时买主就转换成卖主，交易者开始以固定的低价买回股票。如果股市中出现了焦虑的买主——股市中也常常出现杀价购买股票的投机商——他就不会买进，而让卖主继续持有股票。这些买主稍后会卖出股票，或许将止损点下移3到5个点位，或者直接坐上雪橇一路下滑——或者损失利益——或者以较高价卖出获取利润。交易者会在下跌期间买进股票，否则恐慌的情绪就会随之而来。

综上所述，你应该已经知道，相对来说，你花多少钱买入股票并不那么重要。也许不久之前，你以20美元买进百事可乐股，并以44美元卖出。现在，你可能要多花些钱买进，但可以以58美元卖出。因此，你不能因为某股票便宜就急着买进。你花了多少钱并不重要——重要的是，你能以多少钱将股票卖出去。如果发生了通货膨胀，百事股可能会卖到175美元。你肯定不会把灰扣在自己头上，后悔那天你其实可以18美元买进（根据我的建议）。你将以125美元买进，175美元卖出。

现在，对你来说，某些股票不能和大盘整体走势保持一致，其中的原因应该很明显了。与其他人相比，有些交易者会提前完成股票的积累和销售活动。通常，由于经济情况的恶化或心理影响，某个团体的股票不能与大盘一起上涨或下跌，如电影业股票。由于战争爆发，向欧洲输送影片的路切断了，因此当"战争宠儿股"推出时，电影团体的股票曾一度下跌。显然，在经济和人们心理状态极端不好的情况下，你无法想象洛伊股的交易者及支持者们会大规模分派股票。因此，这一阶段就成为积累、而不是卖

出股票的时机。很多洛伊股的持有者在战时卖出了他们手中的股票，并开始选择其他种类的股票，交易者们由此而大大受益。因此，低价卖出使交易者做好了积累股票的准备。基于即将到来的和平心理，"战争团体"及其他曾猛涨的股票下跌，这些股票不久后也会再次进入积累期。相反，电影团体的股票会与洛伊股以及该团体中其他股票一起进入分派期，这一情况会取代之前的积累阶段（重要的一点是，1941年4月，这一团体的股票已经进入了上涨阶段）。

　　我尽量详尽阐述股市交易的细节，因为与其他一切用来计算股市动向的固定"准则"相比，全面了解股市背后的心理因素则更为重要。全美国有大约三千万人驾驶汽车，对于他们大多数人来说，除了知道怎样踩离合器、搬弄档杆以外，他们对于汽车几乎一无所知。当然，他们也享受驾驶给他们带来的快乐，但这种乐趣完全不能和一个懂汽车的行家相比。这种行家熟悉汽车的复杂结构，发动机的蜂鸣声对他来说就像音乐一样。首先，他对自己总是充满自信的。一旦汽车出了故障无法发动，他在五分钟之内就能判断出问题在哪。当他知道问题的来源时，解决问题就更简单了，至少他可以把车开到最近的维修站。

　　股市上的情况与上述故事类似。大多数交易者对股市知之甚少，他们总是处于"唯恐股市下跌"的边缘。我认识一些优秀的订阅者，在离开股市几个月的情况下，他们还依然可以使局面处于他们的掌控之中，就是因为他们懂得股市——而且一旦"懂得"，你就是老板——恐惧和不确定的感觉就完全消失了。我曾在拿撒勒山和耶路撒冷通过电缆交易了九个月。那时，每天早上7点钟，我都会打开短波收音机，开始收集市场信息，大部分信息都源自纽约州斯克内克塔迪的通用电气公司（当地时间晚11点）。那一年我赚取的利润，比我第二年回到美国后赚的还要多。

如果你可以预见即将到来的事件——这些事件会"投下阴影"——并且在其发生之前采取行动，那么你就可以成为一个更加优秀的交易者。在图表"降生"之前，你要学会将其"形象化"。"观念"是上帝给你的一种祝福，"降生"得正是时候（一个光棍就别做梦能有孩子了）。

在次要股市动向中交易并不一定意味着，你要在每次上涨或者下跌动向中获利。我曾经强调过，在很多情况下，你这样交易的结果只会是，经纪人以佣金的形式占有了你大量的金钱。将反面因素与正面因素区分开——反面因素就是你会赔钱——正面因素就是你会赚钱。如果加上佣金和税费，你在次要动向中获得的微薄利润就变成负面因素了。虽然从表面上看，这笔钱数目并不大，但从长远看来，这部分钱也占了很大比例。

最近我有机会核查一个波段交易账户，我发现其中的利润为2400美元，损失为2200美元，经济人以佣金的形式获取了最大的一杯羹。这是一个简单的数学问题，如果你付出50美元佣金，购买了100股股票，并最终赚取了5个点利润，那么你的花费只占10%。但是，如果你出售股票时的利润只有一个点，那么你的佣金就占据了你所获利润的50%。显然，这样做不能增加你的现金资源，因为即便你将损失固定在1个点内，你还要付出另外50%的佣金填平你的损失。当我提到次要动向时，你必须明白，这种行情中的预期利润至少要达到4～5个点，将这一点牢牢记住，我将继续讨论次要趋势及其交易的问题。

当情况正常，道琼斯指数处于上涨通道，你非常有信心，认为一切都在掌控之中时，一定要记得标明阻力线。假设美国钢铁股在上涨过程中达到了82.375点，然后你发现它下跌到了70.50点。于是，你决定买入，因为就在几个星期前，该股票正是从这一点位上涨到82.375点的。通过逻辑上的推断，你认为70.50点是双重底，因此现在就应该买入美国钢铁股。

　　在短暂的下跌之后，美国钢铁股上涨至80.625点。你不指望它还能上涨到82.375点，因为经过频繁的上涨活动之后，美国钢铁股在这个点位将会遇到阻力。而且，事实上，该股票曾经从那个点位开始下跌。因此，你不再等待82.375点，而是以市价卖出股票。第二天，在82.375点和80.625点之间连上一条对角线。只要将线延长几英寸，你就会看到一个稍低点的顶峰。由于该股票最近频繁地上涨，你可以期待其在这一点上的走势得到巩固。有些事实是可以利用的，即82.375点和80.625点的顶峰构图。

　　继续观察美国钢铁股一段时间，你发现它又跌回78.875点，然后上涨到79.75点——形成更低的顶峰。这时，你决定卖空股票。为此你将止损点定在83.125点。如果股票不能达到以前的高度，也可以把止损点定在82.5，标记为X。但为什么不冒一下险呢？该股票可能在这个结合点追赶上你的止损点83.125点。而且，在这一点位上，你不仅需要做好卖空手中100股的准备，还要准备好买进另外的100股。这100股是为了弥补你在79.75点卖出时所产生的损失。如果美国钢铁股足够强劲，可以上涨到83.125点，那么你可以正确计算出，它至少还能涨到85.575点。该股票能够上涨到85.625点的原因是，在X通道中运行的股票超越了以前的顶峰（如82.325点）进入新高，至少可以产生"剩余"的3.25点，这样，把这3.25点加在82.325点上就是85.575点。如果它不能产生3.25点，那么这次上涨就是虚假的，马上就会出现一次下跌，以检验先前的谷底。

　　将你的止损点定在83.125点（为什么只高出0.125点呢？因为股票很难产生"连贯"的上涨，如83、84、85——因此，高于或低于连续点0.125个点位比较安全）。然后，你可以观察，X号通道完全一致地按照预计下跌到73.5点。在这一点位上，你在X通道中的损失并没有完全弥补，因为你希望股票能够跌倒70.5点。但是，X在这时上涨到了78.5点，形成一个较低顶峰。美国钢铁股表现出了连续下跌的顶峰，即82.375点、80.655点、79.75点以及78.5点。在这个结合点上，你应该（如果财政允许的话）卖出100股，以弥补73.5点位所造成的损失。美国钢铁股果然按照你的预计下跌到73点，这时你按照之前的决定进行补仓，之后股市又开始上涨。在73点时你不仅要补仓，还要多买进100或200股。

我在哪一点卖出呢？我看好78.5点，在之前出现过的高点中，这个点是最低的。美国钢铁股果然上涨到了78.5（之后就停滞不前了）点，在这一点位上，我卖出了所有长线持有的股票，然后准备再次做短线交易。我注意到了73点的点位，美国钢铁股下跌到73.25点。假设美国钢铁股在73~74美元之间盘旋，而你没能等到"最后一跌"，于是，你在股市中下达卖出或买进股票的订单。你没有等到73点，而是在73.5点开始时又一次重复了长线投资的过程。

在整个过程结束之后，我又回过头去看美国钢铁股的走势图。我从未奢望股市动向会完全按照我预定的轨迹进行，我并不是在教你什么"魔力"。

请注意，在描述顶端构图时，我基本没有提到谷底构图。但是，对你来说，关注底部也是很重要的。注意X在图表上形成较低的顶端时，它同时会形成较高谷底。对于较低顶端和较高顶端形成的图形，我们称之为"三角"形。这种形态通常很危险、有趣、但充满"炸弹"。我以前解释过，三角构图是为了"平衡"交易者们的观点而产生的。无论是卖主还是买主都很固执，他们不愿意让步。这样产生的结果就是，图表所显示的交易范围越来越狭窄。观察这个轨道，一开始时，交易范围为82~70点。接着，交易范围缩小到79~73点位之间。到1939年10月14日，交易范围缩

小到74.5～75点之间。你必须承认，有些变化已经悄然发生。美国钢铁股不会总在1个点位上下运行，社会、政治或经济领域的大事件最终会打破这个三角形。

我以前曾指出，最好的规则也只能用做指南。如果一个交易者知道如何遵从规则，这会对他的交易有本质上的帮助。但是，永远不要指望，盲目遵照这些规律就可以在交易中获益。别忘了，"他们"也知道这些规则（而且会牢记这些规则）。如果你想实现你自己的目标，你眼前就必须有一份完整的股市动向图。

请注意，我不是试图摆出"福音书真理"，也不是在承诺某种结果。交易的成功与否，主要或者说完全取决于你对股市交易的看法、你的性格及你是否适合股市交易。如果你已经吸收了一半数量的理论及股市实际交易方法，那么你就可以成功地去做交易了。但是，请记住，一个医生必须经过实习之后，才可以应用他在书本上所学的知识。健康、酗酒、唠唠叨叨的妻子或者丈夫、贪婪、赌博的天性都可能影响你，这时，我所教的这些内容就不起作用了。我的书是为那些正常、健康、身心都健康的人而写的，只适用于少数人而不是大多数人。你最好先用"纸"、而不是现金练习——先要做学徒，然后才能做实习医师——看一看这本书上有多少内容你已经记住了。如果用"纸"交易取得了良好的结果，那么你就可以继续下一步，用现金进行交易。

当对于某股票的通道图表绘制完成时，我们要遵循的原则是，在股票上涨过程中，每当其上涨到通道中的上行线时，就一定要卖出股票获取利润，当然也可以卖空。然而，如果股市处于牛市，不建议做空头交易。永远记住，股票可以在上涨趋势或牛市中形成更高的通道。上涨通道在熊市中可能会出现反转（谷底）。在这种情况下，当股票达到上涨通道中的上行线时，卖空所有股票。但是，不要在这个通道的下行线购买股票。反之亦然，如果股票在牛市中处于上涨态势，要是在达到上行线时就卖空股票，这是非常愚蠢而且危险的，因为可能会发生一两种意外：股票可能超越通道向更高方向攀升（旗形走势），在这种情况下，你可能会蒙受巨大损失——或者该股票可能会稍微下跌一点，这样你可能获利很少。因此，在牛市中，要在下行线或贴近下行线上多多买入股票，而不要在上行线附近卖空股票。

在牛市中，可以假设上升通道会继续发展。如果发生一些可以感知到的下跌动向，我们就认为这是上行线对下行线的反作用，是一种正常的反复，没有什么大不了的。因此，从逻辑上说，你可以在通道的较低部分买入，等待股票上涨到通道的上行线，因为只要形成的顶峰连续高于之前形成的顶峰，该股票就处于上涨趋势，这表示股票正在前进。然而，如果该股票形成的是更低的谷底，那么这就意味着危险。这时，你就需要密切关注以前的下跌抗升点。如果之前的谷底在82点，股票停止在82或82.5点，那么即便股票脱离了下行通道，目前也没有什么特别的危险。但是，如果一个新的谷底在81.5点形成，那么危险就即将到来了，因为这意味着趋势即将转向。稍后再次上涨形成顶峰的过程会证实这一点，所以这一过程也要注意。如果股票突破先前的高点——那么一切都还好。但是，如果该股票在先前高点之下止步，或者与先前顶峰持平，没有超过这一顶峰，那么该图像就会形成双重顶。这很可能会伴随着更低谷地的发生，危险也就会出现了。这时，你应该卖出长线股票，伺机做短线。然而，做短线也不要在股票到达之前的下行线时买进，而是要等待谷底变得更低时再买进，而且不要疑虑，如果股市状况像以上形容的那样（谷底更低，顶峰更高或平顶），这个更低的谷底就一定会出现。

从上述解释中我们可以看出，在中期趋势交易中，如果采用止损点委托（无论是精神上还是实际中）——卖空止损点应该设在高于上行线几个点位，或者高于先前高点。通常，如果你在82.5点卖空，那么就把止损点设在83.5点（高于上行线1个点位）——同时在83.5点位下单买进，从而弥补之前过早卖出的损失。这样的话，股票一定是在其上行通道中处于上涨形势。

一支股票的技术条件取决于该股票在通道中反转的程度。例如，如果上涨达到或者稍微超过上行线，下跌却没有到达谷底通道线，而是在中途就转而上攻，再次达到通道的顶端线——这证明，该股票处于强势。显然，有人在下跌时购买股票，这给予了股票很好的支持。如果股票达到谷底线，或者稍微低于底线，而且在上涨时没有达到上行线，那就表示该股票面临一定的抛售压力。

在绘制图表时，你会发现，有些股票的走势成垂直水平发展，而不是斜线上升或下降。通常，这样的股票就是"死"股票，因此不要在这类股票上耗费时间。你应该感兴趣或买进的股票是那些积极的、呈斜线通道的股票，而且股票的反应越积极越好。

如果你持续绘制上涨通道，你会发现，有时会出现双重顶或三重顶。如果这样，这支股票就很难再向上发展了。你还需注意头肩式构图的出现，这些都是下跌趋势到来的信号。在这种情况下，卖空你手上的长线股票。当上涨通道里的下行线被突破时，这就是股市下跌的第一个信号，这时你就可以开始画下跌通道图了。还有一点，这是卖空股票的时候了（当然，在第一次价格回升时卖空最好）。

换句话说，当双重顶、三重顶或头肩式构图出现，或者上升通道中出现了较低的顶端时——注意观察股票完全离开上升通道的信号。还有一种可能，这支股票中途会反转上行几个点位（最好在这时清仓）——然后继续其垂直下跌。如果要在这种情况下做短线，就把止损点设在高于上涨通道中上行线以上一两个点位。最有可能发生的情况就是，股指基本永远不能到达上行线。由于大比例的下跌正在酝酿之中，最好在危险较小的时候再次进场。

就像以前所提到的那样，你的目标是能够专业地解读市场动向，从而根据各种信号预测顶端是否形成。等待下行线被突破是比较安全的交易方式，但是通道顶端到谷底线之间损失了太多点位。一般来说，高价股票的通道之间相差6至10个点位。在这个通道内，股票运行处于良好态势。在我对客户提供的建议里，我一般很少会建议他们等到通道的谷底线被击穿。在顶端开始形成时，我就开始画微趋势线，当"颈部"被微趋势线切断，我便建议他们卖出股票。1943年7月，当平均指数为142点位时，"颈部"被微趋势线切断。我给客户的建议是在141点时止损。如果我等到底部线被突破的话，这意味着只能在136点卖出，平均指数损失了5个点位。在这种情况下，个别股票估计要损失10个或者更多点位。

当下跌通道开始形成时（这次你已经知道，如何绘制下跌通道的方法），不要期望股票会"跌下床"去，这种情况通常不会出现，你要有足够的耐心。内部人士会卖出足够多的股票，给那些没有看出股票运行主要特征的人们，因为这些人都不研究股市的技术行为，或者不知道如何解读图表。股市的每一次下挫对于他们来说都是希望（就像以前股市发生过的类似情况一样），他们相信股市会再次上涨到以前的水平。

这次，你已经发现，下挫的特征和以前相比大不相同——虽然这次下跌的点位与上次相同。之前我们所列举的美国钢铁股就是一个很好的例子，该股票第一次下跌到达了70.50点，然后很长一段时间没有再回到这个点位。对于大多数交易者来说，70.25或69.75点没有任何意义。他们肯定会对自己说，因为美国钢铁股曾经从70.5上涨到78.5，所以这次它还会涨回去的。他们甚至认为，从70.5点位再下跌0.75个点位是个好兆头，因为下跌更多意味着他们可以赚的更多了。但是，对于懂得股市理论的技术型交易者来说，即便下跌0.25个点位，那也是一个重要的信号。这一动向显示，该股票清除了以前所有的"历史"，开始创造新低。新的抗升点和新的运行方向将会出现，最终这支股票下跌到了42点。

总体来说，世界不断地发生大规模的社会、政治及经济运动。也许一次运动会持续多年——这取决于运动的意识形态是否符合当时的经济结构。当一场新的运动走向成熟、全面完成其历史任务时，一段平衡期就会出现，这通常会导致运动力量的衰退。股市与社会运动有相似之处。大众汽车、美国钢铁或者其他大公司对他们自己来说就是一个政府，他们要根据自己的情况考虑所发行的股票。当然，他们的命运与国家的总体结构交织在一起——企业结构代表了政府对于这些企业的促进作用或非促进作用。

因此，那么庞大的组织本身就是一个实体，因为其内部充满了人类行为与社会重大事件。与整个美国一样，这个实体也有其"员工"。董事会相当于该组织的政府，通过议事程序、企业管理等来履行职责。该组织也有财政系统，这表现为官员们以及大众投资。还有经济学，因为这可以生产大众所需要的商品。在该组织的限度范围内也有法律，可以任意雇佣或者辞退志愿，可以给人们工作和工资，养活他们。同样，也可以剥夺他们工作的权利，饿死他们。该组织可以让你(和你的合伙人)成为副总裁，拿到年薪10万的高薪——也可以让你一直当一个书记员了此余生。该组织有自己的"秩序"，因为管理者会利用特别的政策保护自己的规章制度。例如，在"新政"出台以前，允许大公司开设小型兵工厂，生产武器和催泪瓦斯以防止可能在工厂发生的麻烦(最近，罗斯福总统、"新政"、以及产业工人联合会夺走了其中的部分权力，但在1950年或稍晚一些，公司的权力空前强大）。

作为一个实体及实体本身的经济势力，在经历股市运动时，公司发行的股票完全取决与该股票的情况——即其商业因素与目前及近期的收益。

这就是不断强调每支股票都有自己"技术"运动的意义。每支股票在类似道琼斯平均指数的轨道上运行。然而，各种股票在轨道上走出的"角度"却大不相同。弱势股票会在接近通道上行线处运行，然后迅速向通道谷底下挫，这是由于重力法则对于价值的作用。这些股票有可能突破谷底通道，比其他股票更快接近以前低点——有时会快上好几个月。强势股票会突破上行通道几个点位，并且不会与其他股票一起下跌。即便在下跌行情中，这些股票也会"保持坚挺"，而且当股市开始上涨时，强势股票是第一批突破上行通道的，其基本运动与其他股票基本相似。

持有股票时不要犹豫不决，我们买进股票的目的就是为了将其卖出。每支股票买进与卖出的点位可能不尽相同，但只要股票的上涨运动完成，那时就一定是卖出时机。从那时开始，由于新的情势出现——股票随时准备调整自己，以适应公司结构或全国整体形式所构建的新兴因素——于是，你必须把这些股票卖给那些愿意购买、或不知道变化即将来临的人们。

通过股票在通道中上涨或者下跌的角度，对股票运行的强势与弱势进行判断。在1939年4月至7月期间，有些股票，如洛夫特公司，基本上走出了180度的走势图——当时大部分股票的走势图呈90度角，有一部分呈30度角。如果你愿意，想象一直以垂直角度下跌的股票。这显示了彻底的弱势，或者说基本预示着恐慌即将出现。相反，如果一支股票处于下跌趋势，但走出了一条水平线——这意味着该股票很强势。应用同样的推理过程，分析各种股票涨跌曲线图所形成的不同角度。上涨曲线越陡说明股票越强，下跌曲线越陡说明股票越弱。

如果一支股票上涨突破通道并不是偶然事件，肯定其有确切的原因，我们可以从你所绘股票所属公司的经济状况中寻求原因。当道琼斯指数上涨超过上行通道时，你也要按这个原理考虑。股票脱离通道运行，肯定与政治及经济事件有关，而这些会促使股市总体迅速走强。

不要指望同一公司的股票会重复先前在图表上的走势，因为这几乎从未发生过。即便公司处于与过去几年完全相同的境地——世界以及国家形势已经经历了很大变化，这会极大地影响股票的状态。例如，人口自然增长引起了新增市场的出现，海外市场的扩大与缩小，由于替代品的出现而产生的新的竞争（1942年～1943年的塑料产业），或者人们对于某些产业的新需求，如冰箱、航空等等，即使这些可能与你购买股票的领域相距甚远——但这些因素都会影响你所绘图的那支股票。你可能考虑买一栋房子，但最后却买了一架小型飞机。另一个人可能打算买一辆新汽车，但后来决定还是买家用电器。当各种不同的形式不断繁殖时，这些决定也会对上市的各支股票产生影响。

同理，不要指望道琼斯平均指数会重复其一年或十年前的走势。我曾强调要根据指数画出股票运动的图表，但这并不是一个原因。过去的事情就让它过去吧，现在你只需要关心股市的当前动向——但是，这些动向根源于1937年或1929年的牛市高潮中。

因此，你应该以1937为起点为一支股票画图（1928年～1929年更好）。这个图表有其"高点"，你不必每天都参考它。一个月一次就已经足够了。总之，你感兴趣的应该只是现在的走势。平均指数曾经达到以下高点（这些数据基本接近高点或低点）——

1937年3月——194点

1937年6月——165点

1938年3月——98点

1938年11月——158点

1942年4月——93点

1943年7月——146点

制作图表的第一步与耶和华创造世界的"计划"非常相似。"开始，上帝创造了天空和大地……"在绘制图表的时候，首先要有顶端和谷底，你才能在中间添上一支股票的运动情况。注意，在绘制图表时，顶端一定要与谷底分开（就像天空与大地是分开的一样），这是你的通道。还要注意，《圣经》上说："大地无形无间……"（股票也没有一个固定的图表）。

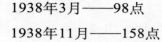

现今的事早先就有了，将来的事早已也有了，

并且神使已过的事重新再来。

——《圣经》箴言 ——

第12课

如何使用
基本图表

在本章中，我将说明我的基本图表有何功能，以及如何将其应用于实践。这种图表就像ABC一样简单，其中蕴藏着丰富的"理论"——既健全又实用的理论。基本图表是一个以常识为基础的工具，即使是水平一般的门外汉，也能够抓住要领并依据其内涵进行交易。

对于一般的交易者来说，股市就是一个包含价格、数据及波动的混合体，既有牛市也有熊市，既有利润也有损失(大多数的时候是损失)。至于具体的细节知识，他们却不能把握(也不想把握)，因为他们缺少这方面的训练和智慧。

你或许曾经参观过某个组织严密的工业机构，而你对该机构的运作细节却知之甚少，甚至一无所知。为了讨论之便，让我们假设你对大众汽车的工厂进行了一次参观。假设你并不熟悉这个行业，那么你的观察很可能没给你留下关于细节的印象，例如高质量的精加工或高度综合的服务项目。记得有一次，我曾和一个朋友去参观了一个大型制造工厂，我的那个朋友根本不懂工业技术。在参观的过程中，工作人员给我们介绍了各种流程和仪器。我的朋友就像"三不猴子"一样，他"什么也没看到"，"什么也没听到"，"什么也没说"。对于他来说，那个大工厂就是一堆混乱与噪音组合而成的。当他终于走出工厂时，他放松地喘了一大口气。

一般的市场交易者也是这样，他们"只见森林，不见树木"。这样的人无法理解市场的细节和系统操作，因为股市对于他来说又大又复杂。他每天都会看到各种各样的股市行情表——有些说"折价"，有些说"点数"，有些说"停滞不前"。报纸上总是充斥着五花八门的传言和评论——有些是真的，有些是假的，有些则是中性的。一般交易者很难对此进行分辨，他只知道这条消息来自专业人士，那条很有意思，但总的来说这些信息他都无法把握。因此，他最后完全陷入了迷茫，便决定先去"碰碰运气"。那么，他该买哪支股票呢？他最有可能选择那种最引人注目、宣传最多的股票。然而，一旦他选择了这样的股票，他的麻烦也就自此开始了。当某股票吸引了过多注意力时，它常常已经发展到了"高位"。在这种情况下，优秀的交易者正在悄悄地倾销自己手中的股票。

为了能够看清森林里的树木——区分不同的方向——你需要一个清楚事物位置的向导或测距仪。你应该能在树木周围找出苔藓，简而言之，你必须具备这方面的智慧。

在检查汽车工厂时，如果你只听到机器轰鸣的声音，那么你显然什么也没发现，什么也没学到。但是，如果是一个接受过技术训练的人，他就一定能识别出每台机器配备的装置器、钢型、吊钩以及其他工具，正是这些组成部分使设备带给我们高效精确的生产。

此外，受过技术训练的人还会观察到每台车床、钻床、塑形器及铣床的"规格"与"标准"。无论设备和装置设计得多么精确，我们也不应盲目地采信。一位检查者常常会从机器上取下"一小块"，依据"合格"与"不合格"的规格进行检测。这些规格具有一些严密的界限，经过检测的产品部件必须都在界限之内。否则，机器就会停机、再次检测，并为保证精确生产而再次进行组装。这些规格又依次要受到"主规"的检测，主规的精确度是百万分之一英寸或者更小。

在很多方面，证券交易所与工厂都有很多可比之处。如果一个人不懂得其中的运行规律，那么他所能"接收到"的就只是"市场"上的噪音。他会将所有"机械"看成是一大块（或者我应该说是一团糟）。因此，他完全弄不懂——结果只能是糊里糊涂地靠"小道消息"或他自己的"预感"去"碰碰运气"。

在股市上，对于那些受过技术训练的交易者来说，他们会把股市条件看成是一个整体，并通过其各个组成部分进行分析。平均指数（整个工厂）的重要性是第一位的。平均指数又细分为"工业指数"、"铁路指数"以及"公共事业指数"（机器、装置、吊钩等等）。每种指数都分别是做什么用的呢？它是上涨了、还是下跌了？上涨了多少、下跌了多少？那个动向发生时的"交易量"是多少？该动向的"周转率"是多少？这种速率是不是表示很快？

对于那些受过技术训练的交易者来说，他们会将其他一些因素融入"市场动向"的框架之中进行分析。"投资股票"相对于"投机股票"的功能是什么？如果"投机"股票正在上涨，而"投资"股票却停滞不前，那么股市便处于危险之中。"铁路指数"是做什么用的？如果铁路指数的上涨率超过了工业指数，那么你就要小心了。相对于整个股市来说，"钢铁"团体的股票表现得如何？所有的摩天大楼都需要钢铁来建造。在一段持续上涨数年的时期内，钢铁股的上涨比率会"超过"其他所有团体。一个持续数年的尖锋时期即将来临。在"虚假的"中期涨势中，钢铁股的上涨幅度会低于"铁路股"和"投机股"。从长远的角度来看，这种现象并不健康。而且，随着钢铁股的上涨，整个市场也会有所上扬。

除此之外，那些受过训练的交易者还会问到：市场总共损失了多少个点？获利了多少个点？其中，那些"猫狗类股票"占了多大份额？每10万股交易中，损失或获利了多少个点（分数比例）？相对于下跌的股票来说，有多少股票上涨了？有多少股票停滞不前？出现了多少"新高"？多少"新低"？某一交易日中，前十位、十五位或二十位的股票的平均价格是多少？在一个健康的市场中，前十位、十五位或二十位股票的价格总和，相当于不健康市场中股票价格之和的两倍多，因为不健康市场中有大量"廉价股"与"猫狗类股票"的参与。通过对这些因素进行日常分析，我们就可以了解市场的下一步动向。

现在，我应再次对市场与大型工厂做个对比。在远离工厂的公司办公室里，我们发现董事会正在开半月会，由公司总裁主持会议。他计划了一个"项目"，我们假设该计划一年前就开始了。为了让那些与会董事们得到启发，他列举了大量详实的数据，这些数据与国内国际的经济(通常也包括政治)条件密切相关。如果董事们察觉到良好的未来交易时期——(多多少少受到政客们的扶持，或者无须受他们的干扰)——他们就会增加生产进度表；定购更多新的原材料；提前计划；雇佣工人；增加广告预算——反之亦然。

在股市上，明智的交易者大体上也会这样去做。他首要的任务是研究和分析总体经济政治条件——这样便将他自己置于一个可以感知未来的位置，从而准确地判断预期的净收入(也就是最后市场上的股票价格)将会上涨还是下跌。如果他得出了否定的答案，那么他会决定当前还不是买进的时机。从逻辑上说，如果股市不适合买进，那么就应该适合卖出。"继续持股"意味着犹豫不决——而"犹豫不决"的人就会"赔钱"。因此，他便会将自己手中的股票处理掉。然后，他可能会更进一步地判断到，如果股市正处于"卖出期"，那么其中就应该包括"卖空"交易，也就是"提前买进"。

基础图表是什么呢？简单说，它就是一种方法，有助于你理解市场在从顶峰到谷底的整个波幅期间的活动范围，你可以通过图表显示对股市进行总体及具体的分析。要想实现这个目标，我们就应将整个股市分割成一些"基本分支"，然后对其进行再分割及细分割，直到把各种分支分成一个个更小的"影响范围"。

将一支股票及平均指数看成是一个整体，然后问问你自己，这一整体的范围、广度及界限分别是怎样的？我们可以回顾一下市场多年来的表现，讨论一下人们在这方面做过的众多研究（这些研究都花费巨大）——但实际上这样做没有必要。经济情况已经发生了变化（事实上，1942～1943年之间出现了很多变化，而1947～50年代与1937～40年代之间也有很大区别）。因此，我们最好不要把问题复杂化。假如我从1859年开始说起（的确应该这样做）——那么我会立即被要求指出1943年与1859年之间的区别。但是，这样做是没有必要的，因为，不用说你也知道这二者之间的巨大悬殊。

一直以来，整个世界发生了巨大而激烈的变化。在当前这个时代，三千万汽车取代了上百万的骡子和马。到了60年代，我们或许就有5百万架飞机取代1千万辆轿车和卡车。现在，从纽约到加州再到欧洲的隔夜航班每天都有，而这段行程在以前可能需要3到6个月的艰苦跋涉，需要越过条件恶劣的荒原和海洋。通过我们这里的收音机，我们能够同步听到柏林、莫斯科或者伦敦发表的演说。一个半世纪以前，如果某个国王派出使团，他要等上一年或者更久才能得到答复（"冷却期"也在考虑之中）。现在，只要通过无线电的传播，这一任务在几个小时之内就可完成。墨索里尼在7月25日星期日那天提请辞职，丘吉尔首相在7月27日星期二做出了"答复"，罗斯福总统在7月28日星期三发表了最终意见。

事实证明，即使是我们目前战争与1914～1918年战争之间的比较都是有误导性的。1914年，随着战事的爆发，股市急剧下跌。1939年9月，当欧洲冲突成为事实时，股市却大幅攀升。自从上次战争之后，在经济、电力、机械、政治及金融方面的产业发展，对于1943年所产生的不同结果具有很大的影响。

基于上述原因，我们应选取更近的一段时间作为观察对象。简而言之，我们就从1929年开始谈起。

1929年时，道琼斯平均指数处于其顶峰386点。1932年，道琼斯指数跌至其40.6最低点。这样看来，我们已经给出了两个起始基点。无论先前其他时期的情况如何，我们将"围绕"平均指数在这段时期的表现进行分析——最高收盘386点，最低40.6点。令我们印象深刻的就是，在这一段时期，平均指数并没有跌回至0点——而在我们经济大萧条期间，该指数的最小值还依然能保持在40.6点——而其在经济大增长期间的最高值却只有368点。

据此，我们可以得出这样的推论，如果你某天清早起床发现，你可以在40点的指数上"买进"，你会认为这是个"便宜股"，而且这样的想法是完全合乎情理的。如果一连11年都是这个价格水平，那么显然40点的指数是一笔好买卖，于是你"在这一指数上买进"（或者说你只花了一美元就买了台收音机）。

同样，如果里普·万·温克尔(美国作家欧文W. Irving所写一篇故事名及其主人公)从胡佛政权时代的小睡中醒来——发现平均指数已经涨到386点(假设美元或黄金(作为购买媒介)的货币价值没有发生明显变化)，那么他肯定会"在这一指数上卖出"（或者说以110美元的价格卖了台收音机）。

虽然上面提到了美元及黄金的价值，但我并不想阐述这个主题，我只是想提醒你注意这样一个事实：如果美元相对于其当前的价值下跌了15%，那么就会引发完全不同的一种情况。在德国发生的类似现象就是这方面最好的例子。在1923年德国的通货膨胀期间，买一套衣服就要花上1万马克。显然，你不会以德国马克贬值近乎0之前的定价"在德国指数上买进"。

在股市交易中，我们必须将这些"相关的"因素考虑在内。黄金、租金、利率、货币、白银、工资及生活消费的"相关"价值都是相互关联的——不过，我可不想把我们现在的主题搞得更复杂。

然而，我还是有必要提及下列可能出现的情况。作为当前战争的后果，我们手中持有大量原来属于英国人的美国证券，他们为了支付战争物资，便将这些证券拿到这里来出售（这发生在我国通过租借法案、决定向英国提供战略物资之前）。由于英国当时已经耗尽了其黄金储备，所以很可能寄希望于"金本位"的彻底废除，因为这对该国来说是有利的。实际上，英国或许可以重新创立一个"本位"以取代金本位，这基于其国家财富（包括殖民地财富）的价值，如地产、工厂、住宅等。

流入我国的黄金来自于数十亿人对于机器等供应物资的支付，我们历经了千辛万苦才这些黄金存放到福特-诺克斯（Fort Knox）储备中，如果其他国家也遵从"金本位"的废除，那么我们的黄金就会贬值到毫无用处、甚至贬值到只能充当装饰品的程度——如果仅仅是为了充当装饰品，那么黄铜是"更便宜"的选择。

我国的美元纸币是基于"黄金储备"的，美元与黄金之间的兑换率将经历一次猛烈的下跌，这会使证券价格不成比例地上涨至1929年的水平。还有一种可能，当我们的战争债券"成熟"之时——一次通货膨胀的兴起将有利于2500亿美元预计借款的清偿，其中包括价值1000或1500美元的货物。此时，股票价格将进一步攀升，可能会涨到386点的两倍。

虽然这些可能性不可小视，我们还是应当把这个重要问题留给摩根索（Morgenthau 美国富兰克林·罗斯福总统时期的财政部长）去解决。为了实现我们当前的目标，我们还是假设美元的价格相对稳定（你会由此而认识到，美元的价格在过去几年里的确发生过变化，并且还对我们的经济产生了影响。股票价格在1943年有了很大增长，主要是因为日用品和食品的价格有所上涨。食品价格的上涨意味着美元买进价格的降低，不过现在已有太多"高级复杂的筹资技术"了）。

再重申一遍，至今围绕指数而建的14年"栅栏"基于最小值为40点的水平之上，在这一点上你肯定会倾尽所有进行股票投资——最高点在386点，在这一点上你会兑现你手中所有的证券——如果你过去的经验还有意义的话。现在我们前进一步，先不理会1929年至1932年这段时间的事。基于更实用的目的，我们仅选取了1937年3月至1943年8月这段时间进行分析。我们有意在大"围栏"中建立一个较小的"围栏"。

这一段时期平均指数的顶峰是194点，1937年3月起开始发挥作用——谷底是93点，1942年4月开始发挥作用。这一图景越来越清晰了，你肯定也应该明白我的用意所在了。虽然，我们的脑海中不断闪现40.0这一可能的下跌点位，但目前我们可以先忘掉这个数字。同样，尽管我们知道386点是一个可能的上涨点，但我们还是可以暂时不去想这个数字。

为了一切实用目的，也为了交易的成功，我们将讨论中的市场定在194点到93点的波幅之间。这两个数字是平均指数周围的两个内部"围栏"。直到上涨突破194点或下跌突破93点时，我们才需要关注40.6点的地下室或386点的阁楼。

因此，如果在某个灰蒙蒙的早晨，你起床后发现指数为93点，你可能倾向于"在这一指数上买进"，你可能正因1942年指数为93点时没有买进而后悔（我曾提前一周预言股市会下跌到93～94点）。

同样，如果在一个清新明媚的早晨，你发现平均指数已经达到194点（货币价值相当于1937年3月的水平）——那么你肯定倾向于"在这一指数上卖出"（关于这一点，我也从上百封客户来信中得知的，有些客户因没在194点时将手中股票卖出而感到懊悔）。

尽管我要求你设想自己处身于未来或过去之中，但事实上这并不太可能做到，因为你不会在"突然"醒来时就发现平均指数在93点。下跌的趋势会耗费很长时间，并且通常伴随着经济困境、失业、没有资本赢利、铁路货运量大幅减少、税收增加以及商人获利不足。指数下跌至93点是一个渐进的过程，交易指数在这一过程中也会逐级下降。此时，悲观情绪取代乐观情绪而成为主要因素。悲观情绪就像癌症一样，它并不会像晴天霹雳一样突然发生，而是会逐渐地由内而生。结果，你开始"习惯了"这种悲观情绪。你的心理一直处于沮丧的状态——就好像在地下室一样（或许你的财政状况也是如此）——下跌至93点的水平。你的精神、身体及心理都无法适应这种"便宜股"所带来的好处——相反，你已经开始认为它们是"毫无价值"的。

不久以前，飞鹰公司（Curtiss-Wright）的股票下跌到了0.875美元，没人愿意买进该股票。0.875这个数字离0点太近了，所以没人觉得此时买进会有什么好处。但是请你注意，"大众"是如何以接近13美元的价格买进飞鹰公司股票的。

1937年，人们不假思索地花40美元买进B&O公司（Bang & Olufsen 丹麦著名的设计公司）的股票。然而，到了1941年时，该股票的价格停留在2美元，1943年上涨到了10美元，几乎上涨了400%。你有没有把钱投到B&O公司的股票上？当然没有，因为你不认为该股票会再次回升至40美元（甚至没想到它还能涨到10美元）。但是，该股票是可以上涨的。而且B&O公司股票可能会以20倍于2美元的价格卖出（如果你投入2000美元，那么回报将高达40000美元）。

当平均指数到达194点时，我们可以利用相反的心理推论。上面提到的那些人曾因其没在1937年194点时买进而深感自责，他们可能会继续持股，"希望"并"祈祷"着股市上升到300点——或许这有可能发生（我的图表"告诉"我，平均指数在几年之后就会上涨到293点）。

我愿意指出的是，"我们这些肉体凡胎"的永久弱点：太阳底下无新事。1937年以及1929年发生的现象还会再次发生。或许由于"环境"的原因，你经历了一些艰难困苦。这些环境将你塑造成了另一个"不同"的人，拥有另一种心理状态。那个新人及其新的心理状态是"环境"的受害者或产物。你很可能会对你自己的行为进行调整，以适应那个"新你的心理状态"。那么，在194点上卖出的可能性就会被完全排除。

当指数为194点时，我并不建议你依据93点的模式进行思考，——或者以1937年到达194点时的相同模式进行思考——（时代已经不同了……）。如果所有交易者都那样去做的话，股市也就不会存在了。因为假如每个人都在194点上卖出，并在93点上买进，那么其他买主就不会出现了。93～194点（或相反）的跳跃可以一步完成——或者说在一夜之间发生。然而，这种情况并没有发生。在每一次股市下跌或上涨的运动中，都伴随着报纸与广播的评论以及时事的影响，这引发并塑造了交易者或乐观或悲观的情绪。不仅从93点上升到194点的过程需要时间——可能是好几年，这其间会发生很多变化——而且很多人只是在动向开始时参与，但却不能坚持到最后。其他交易者则采取了玩耍股市的态度。1929年，"真丝衬衫"买主令人悲哀地擅自入场，1943年"值夜班"的买主买光了"猫狗类股票"。

当然，在不同阶段，乐观与悲观的情绪具有不同的形式。1940年11月，股市达到了138点，而你却希望它可以达到155点。但是让你失望的是，它反而跌回了93点。毫无疑问，你因此而变得悲观，但是这种悲观无法和1938年3月的情况相提并论。当时的股市从194点猛跌到了98点。1932～1933年，道琼斯平均指数为40点，整个国家陷入一片哀恸之中。很多银行濒临破产，上百家银行因贷款者"逃跑"而被迫关门。在华盛顿的老兵大游行中，胡佛用"瓦斯"对人民进行镇压，很多人在垃圾桶中与狗争夺食物。

制图的基本原理是绘出不夹带"感情"的图表。其目标不仅仅是在平均指数周围安插"栅栏"，而是为你的"乐观"和"悲观"情绪建立一个"规格"与"标准"。我们将图表用做一个检测工具，防止大家产生过度的"乐观"与"悲观"情绪——并显示何时应将情绪转为乐观，何时转为悲观。

让我们来谈谈稍难一点的知识。忘掉现在的战争以及威胁性的通货膨胀趋势，我们需要先来面对以下事实：

1．1937年3月，股市到达194点。

2．1938年3月，股市下跌到98点。

3．1938年11月，股市达到158点。

4．1942年4月，股市下跌到93点。

5．1943年7月股市上涨至146点。

君王何处去（1859年波兰作家显克维支Henryk Sienkiwicz所作，描写罗马暴君尼禄时代的历史小说）？股市又将何去何从？你应采取什么行动？为了符合逻辑地回答这个问题，不夹杂情绪地绘制图表，让我们先来做出下列假设：

1．股市的下跌不会突破93点。这个判断是基于事实的，因为股市其实是有可能下跌到93点以下的，但实际上却没有发生。根据事实，93点成为了你的底线。

2．1937年3月，你知道，股市的上涨并没有冲破194点。因此，你做出了判断，股市在1937年3月不能完成的任务，那么它在1943年也不可能完成。所以，你的图表上限放到了194点。

一切都是平等的——在相同的条件以及你现在的思想状态之下——你决定，只要平均指数到达93点，你就会买进，而只要平均指数到达194点，你就将卖出。

现在，我们最好忘记那四个"围栏"，而仅仅把它们留在纸上。为了不让图表过于复杂，我们不画386点线，也不画40点线。取而代之的是，我们将这两个点记在脑海之中。这时，我们的画图从1937年3月的194点开始，以93点结束。这个图表涵盖了道琼斯平均指数的101个点位（93～194点之间的差距）。我们将这一图表分成4个阶段，每25个点位定为一个阶段（暂时不考虑多出来的那1点）。现在，你的图表所显示的情况是：顶峰194点——谷底93点，画线经过118、143、168点，最后到达194点。

制定这四个分区的目的是什么呢？其实很简单，93～118点的谷底分区属于你的买进区域，无论何时，只要股票处于这个范围，你就要考虑一下买进。168～194点的顶峰分区属于卖出位置，无论何时只要股票处于这个范围，你就要考虑一下卖出甚至清仓。剩下的两个分区是涨价区和推进区——这往往是持股的最佳时期——转向优势，在价格反转时买进更多。

现在，事物已经初显端倪。如果你想进行安全的投资（此处专指长线投资），那么就不要在绘图时加入"情感"因素——基于以下步骤进行判断：

在93至118点分区买进，这样做会有风险吗？你可能会遇到股票进一步下跌的风险，这也是你不得不面对的一个可能性。从科学的角度去玩这个游戏，交易者应将其资金分成四份，在第一分区93～118点上下买进。止损点应定为87点——以防股市再次跌到40点。当股票进入第四分区时，你就开始卖出。这时，股市可能会继续上涨，第五个分区便会出现，并把股市推向更高点。这又是一种你要面对的可能性。你可以在股市达到203点时再次进场，等待股市上涨到293点。科学交易会要求你逐步卖出，在168~190点的第四分区一次卖出25%。在第二、第三分区，你将持有股票——在股市反转时买进更多股票——然后做几组波段交易，以提升你的技术头寸。

当然，上述范围对于交易来说实在太宽了。我们想在中期范围内进行交易，并把风险限制在2或3个点之间。然而，对于长线投资者来说，他们早就准备好了简单而又安全的方法。

我们现在为93点到194点之间的另一重要动向围上"围栏"，但是我们并不会在股市的每个转向上都做停留。我们将只对重要的市场动向做出记录，并围上"围栏"。

现在，让我们看看究竟发生了什么。股市从98点上升到了158点。我们也可以列出98~158点之间的其他市场动向，但是这些动向都是次要的。我们一定要注意，1938年11月股市到达了158点的高水平。此外，我们还要关注98这个数字，因为98点是1938年的低点——158点则是那一年的高点。熊市开始于1938年11月的158点。因此，除了你图表上已经圈出的"围栏"之外，你要在98~158点之间再加一条线。在图表上，93~194点的动向要加线标明：93、98、118、143、158、168及194点。注意，每个"围栏"都表示卖出水平（或是从1943年146点顶峰下跌之后的买进水平）。你在阅读本书时就会发现，"其他方法"也要你在144~158~174~190点时卖出获利，也要你在118~98~93点时买进股票。

现在，你应该清楚，如果在一个晴朗的清晨，你醒来之后发现市场在118点周围，你就很有理由买进。也就是说：从118点到93点之间的距离属于第一分区（或者第一基础），这是你可以买进做长线交易的区域。那么，你应该什么时候卖出呢？长线投资者可以利用我们以上所解释的方法。中期趋势交易者会在143点上卖出获利(请注意这一点与146点是多么接近，股市曾在1943年7月的146点时停止上涨)。在股市反转时再次买进(大约在116～120点之间)，并在154点上卖出——等待价格反转(到146点)时再次买进——174点再次卖出——等待反转(到164点)时再次买进，最终在190点上全部卖出。此时，不要再继续买进，而是要开始做空头交易。

这个系统如何对个别股起作用呢？我们以美国钢铁股为例，开始先"圈住"这支股票在1929年的价格——每股261美元，这是顶峰"围栏"。然后，建立谷底围栏，即1932年21美元的股价。依据我们在前面解释过的原因，下一步就是忘记1929和1932年的价位，并将股价"围栏"在127美元，这是1937年3月美国钢铁股的价格。另一"围栏"建在38美元上——这是1938年4月的股价。在71美元上再开辟一个围栏——1938年11月的股价，然后是1939年4月的43美元，其他几个围栏分别建在1939年82.375美元、1940年的42美元和76.625美元。下一个收益点是1942年的45美元和1943年7月的59美元。由于钢铁股的两个基本价格——顶峰价为127美元，谷底价为38美元，我们把这一区间以22为单位分割成四个分区。这样一来，你的美国钢铁股基本图表就显示为：38、42、43、45、59、6、71、76、82、104和127美元。你可以看到，美国钢铁股真正的交易范围是在38～82点之间，而其他的股票会更有前途一些。

在对个别股采取行动之前，你必须要对整个股市的条件有个大体了解。如果你希望道琼斯平均指数超过其之前的高点——那么你所选择的股票可能也是一样。然而，关于这一点，我们有必要理解，个别股票并不会与整个股市的动向一致，其原因我们在前面已经解释过了。整个股市可能会上涨到194点，而美国钢铁却只上涨到了127点，当然情况也可能与此相反。这可能是由于钢铁业具有一些特殊的条件，或是税收对钢铁产生了一定的影响。

同样，尽管道琼斯指数没有达到1937年194点的水平，很多股票都超越了1937年股市的整体水平。你必须要认识到，各行各业以及各家公司所发生的变化，都会影响到它们各自所发行股票的价格动向。因此，最为重要的就是，在依据基本理论进行交易的前提下，交易中的每只股票都应被看成是个别股，因为该股票需要符合其自身及其所属团体的主要前景。

我儿，要谨守真智慧和谋略，不可使他离开你的眼目。

你就坦然行路，不至碰脚。

你躺下，必不惧怕。你躺卧，睡得香甜。

忽然来的惊恐，不要害怕。恶人遭毁灭，也不要恐惧。

——《圣经》箴言——

伦理、心理
与股票

股往金来

　　在前面的章节中，我介绍了一些帮助大家认出"大日子"的技巧。相对来说，心理因素更为重要。如果你已经掌握了股市心理学，那么你就能更好地"领会"各种股票图表的含义。

　　我想再强调一次，股市上没有单一的"方法"或"系统"可以让你遵循并获利。在我的市场经历中，我已经在实践中对各种"标准"进行了测试，包括道琼斯理论以及大多数可用的"方法"。而且，我还采访过各种市场"方法"的发明者，这些人中包括大学教授、数学家、非专业人士等，他们大都是一些非常聪明的人。他们为预测了股市动态发明了一些公式与设计，这些都是我们应该予以关注的。然而，无论是他们那些独特的"系统"，还是他们自己的个性，都为他们带来了多方面的难题。因此，这种情况产生的后果是十分重要的——他们无法再继续吹嘘下去，因为他们针对一个"心理"主题的方法是"机械"的。

　　我认识一个交易者(他是个聪明人)，他居然依据报上登载的连环图画进行交易。当"拿破仑"跳起来(在"连环图画"中)时——他便买进股票。当"拿破仑"在桌子下面时——他就卖出股票。当拿破仑遇到熊时——他就开始做空头交易。在他最喜欢的喜剧中，当太阳升起时——他买进股票；而当暴风雨出现时——他便卖出股票。

　　当然，你已经意识到，占星学家们写过一些关于宇宙星象与股市之间关联的作品。一个国内知名的占星学家定期推出关于股市"建议"的刊物，据说这些建议都由"星辰""告知"人类的，各大天体都"有所反应"，至此"评论"便结束了。如果一个占星家懂得市场理论及实践——那么他将股市与"占星术"相联系，这也无可厚非。

或许，哪天我还会写本书——内容并不是关于股市的——而是关于股民的。我收到过上百封客户来信，信上写有他们的各种想法、经历及心理反应。这些内容都是很有趣的研究课题，关于人们对于不同现象做出的行为与反应。在我的这些信件中，有一封信的作者曾在股市中损失了4百万美元。他就像"奥利弗"（《雾都孤儿》的主人公）一样，总是想"多要一点儿"。这个人其实早就可以退休，并从此过上"幸福的生活"。还有一个给我来信的人，他开始进入股市交易时只有1500美元——后来他赚到了10万美元——现在他已经退休了。因此，这是可以做到的。问题就在于你是否具备"常识"，并学会在适当的时机对其加以应用。当你这样去做的时候——你每周会在股市上花费一个小时——是的，只需每周一小时——你就能在股市中赚到实实在在的钱。事实上，如果你能每周花一小时来研究一些市场问题，这本身就证明你已经掌握了股市的情况。

有一点非常重要，那就是不要参与每一次股市动向。当你去钓鱼时，你会希望找到一个充满鱼群的大湖。每年，股市上所发生的4～6次动向是多多少少可以确定的，其中包含的风险较小。因此，你应该在这些动向出现时进入股市。至于其他的那94次动向——你可以留给大众及专业人士去争夺，让他们去度过那些无法入眠的夜晚吧。

只有在经过几周或几个月的挣扎之后，明确的市场行情才会浮现。买主与卖主——牛市与熊市——希望与恐惧——愚蠢与智慧之间的决斗会最终决定谁占上风。记住，每当你在大盘记录上注意到100或10000股的卖出交易时——（买主或卖主）二者之一肯定犯了一个"错误"，不可能两方都没错。如果股价下跌，那就是买主犯了错，而如果股价上升，那么卖主就会感到后悔。

在观察市场动向时，你会逐渐看出是哪一方做对了——买主还是卖主？当这一点明确之后——"市场动向"将展现在你面前——要么支持卖主，要么支持卖主——这取决于市场对哪一方做出了更好的评判。但是，一定要等那些动向在市场上较量一段时间，这样你就能在道路铺平之后做出正确的判断。

你要了解，市场在转向并开始朝着好的方向发展之前，一定会对所有的上市股票(接近1000股)进行重新评估与定价。在对整个房间(股市大局)进行整理之前，股市是不会发生一次重要动向的。这一"清理"的过程会持续几个月，其间每支股票都有机会对自身做出调整。如果追随着这些小波动，那完全就是浪费精力。真正重要的是股市的整体动向，而且也只有这一动向(中期或主要动向)才是可以预知的。

至于你不参与的那94次股市动向，其实你可以用其来做实验。你为什么不去利用一切呢？让那些人先去为你铺平道路吧，而你除了耐心什么都不会损失。

还有一个需要强调的关键点——那就是耐心。如果你没有耐心，总是战战兢兢的，就像小说中的那个爱尔兰人一样，如果他自己没有参与一次吵架，那么他就会认为自己受了骗——如果遇到他，你晚上就注定满身是伤地跑回家。在交易中，耐心是最主要的前提条件之一。一旦你运用逻辑或健全的常识作为指导——并有能力品评当前或未来的情况——那么局面肯定会朝着于你有利的方向发展。上帝总是与那些坚强、有耐心、有毅力的人同在。

我想你一定遇到过"强人"，据说这种人总能"得到"他们所追求的。他们成功的关键就在于，他们知道自己想要什么，并且愿意放弃一些次要的东西，这些东西有时会占据人们的思想及注意力。他们只想要那些自己有可能得到的东西。上帝与他们同在，因为他们只追求逻辑上正确的、或者人类注定可以实现的目标，而且他们有足够的耐心去等待自己完成那些目标。"欲望"是一回事——大多数人都充满欲望，但却很少能够得到满足。为了实现自己的欲望，（任何领域的）成功人士都会为自己准备必要的背景或环境（有时他们面对的是鲜花，但大多数情况下，他们需要投入到艰苦的工作和学习之中）。

在股市交易中，耐心是至关重要的。如果你确定股市一定会到达某一水平——上涨或者下降——那么只要你有足够的耐心，你就会适时地看到这一水平的出现。市场比你我更了解时机何时成熟，所以不要着急。市场要与"我们人类"的愚蠢行为一决高下，并向我们传播其高超的判断能力。

事情的结局胜过事情的开端；居心宽容，胜过存心傲慢。

——《圣经》

图表、公式等内容显然具有重要的地位，你在进步的道路上会越来越多地听到这些。然而，真正重要的是，对于政治及经济情况的正确分析与理解。"工具"会指引你在自己所选择的道路上走下去，就像一道闪电照亮你前面的道路，让你看清楚自己将前往何方。最重要的一点就是，一定要选择一条正确的道路。尽管这条路可能很明亮——界限也很明确——但如果它通向与你目标相反的方向，那么你便得不到丝毫好处。

永远不要存有这样的念头：由于你不是经济学教授——也没

有研究过政治学、伦理学、宗教以及心理学，所以你就不可能在股市上取得成功。只要你能理解《圣经》并领会其基本道理——只要你的人生哲学符合那些先知们的哲学理念，而且你能够理解他们那些简单的概念——你就很可能会在适当时机成为一位市场上的先知。对于任何领域的先知来说，他们都是能够从一个角度看清事物的本质。一旦你开始向"生活"或市场"妥协"——"成功"就会离你而去。

正如伦理学、心理学、经济学及宗教学在生活中其他方面所起到的作用一样，这些学科对于交易来说也是有助的。实际上，培养对于文学作品、诗歌或任何主题智慧的欣赏品味，这都会有助于股票交易。例如，如果你还没有把握当今世界的主流政治思想，那么你就无法预见到市场动向背后的原因。的确，政治及经济秩序的真实变化不可能在一夜之间发生——但正因为如此，股市亦不会经历突变——你也不会由于任何"突发性"事件而获利。

要想预见未来，你需要远见和恰当的分析。股市上的成功操作并不是基于当前的情况——你现在所看到的情况——显而易见的情况——或是偶然的、不可预计的突发事件。对于各种条件和现象的分析，必须考虑到其内在及潜在的优缺点与成果。如果"发生"了什么，那也只是"不幸"而已——但如果你坚持计划，保持警惕，事情十有八九就会朝着于你有利的方向发展——这是你获得成功的唯一诀窍。

我尽量使用自然的语言，从市场的角度出发，循序渐进地传授经济学、政治学、心理学及道德规范方面的基本原理。对于交易的成功来说，这些因素都发挥着十分重要的作用。不要以为我只是在向全能的上帝祈祷，祈祷他与我同在，共同预见股市行情。这样的说法是对神灵的亵渎。我对于宇宙及上帝的理解是十分深邃的，我并不指望他们会对股市操作这种小事发生任何兴趣。

我们一旦接受了(无论任何宗教上的)"先知们"的基本概念及公正原则——我们就只能用清醒的认识来解决我们的问题了。真相或许是相对的,但一定要将我们的工作建立在这样一条原则之上,即一旦我们的立场明确,而且我们认定自己所做的是正确的,那么我们就不会因受到外部影响(媒体、广播或大众观点)而改变我们的决定——坚持相信你自己的看法和想法,我们就一定能够勇往直前。

从我们交易的方式方法中寻找道德规范,这也是至关重要的。只有当个人及政府与他们所接触的人及整个世界的道德准则一致时,他们才能够始终做到和平共处,协调发展。1943年,希特勒和墨索里尼收到了恐怖的炸弹袭击,这就是他们试图将自己意志强加于世界人民的后果。专政必然垮台,因为无论是从历史还是从传统上来说,人类都是极度渴望自由的。

帕特里克·亨利曾经说过:不自由,毋宁死。然而,这一理念并不仅仅是从这里开始萌生的,自由是人类几个世纪以来跨越各种宗教界限的最基本愿望。摩西放弃了法老宫殿中的舒适生活,全身心地致力于解放当时生活在奴隶制下的犹太人。正是由于选择了真理,上百万的先知和理想主义者们遭受了各种形式的"折磨"或"迫害"。至于"四大自由",那并非来自于罗斯福和丘吉尔在大西洋会议上的发言。早期的美国文学、包括易卜生与托尔斯泰的作品以及《圣经》,其中都涉及到了这部分内容。

我们给予生活什么,就能收获什么。你如何对待邻居,他们就会如何对待你。对于那些将"拿走一切"和"尽量不付出"作为人生哲学的人(如希特勒及其共犯),他们最终将一无所得。而那些采取真诚及热心原则的人们——全心全意奉献于别人而不求任何回报的人——最终将因其独特的贡献而获得伟大的成功。

在市场上,道理也是一样的。我们只能在"时机成熟"时得到我们应当的东西。如果我们的交易理念是"超越"市场——尝试着到处进行"搜刮"——或者我们认为市场是一块"大肥肉","轻而易举"便可到口——那么，我们最终将在市场上赔掉我们的钱和健康。

另一方面，如果我们不贪得无厌、不认为在股市上涨时没有买进就是"错失良机"——不扑向那些每次都引导我们犯错的"咨询服务"、经纪人或者"客户代表"——那么，我们最终会在股市上捞到属于自己的那一桶金。然而即便如此，我们所得到的也只能与我们所付出的时间和精力成正比。你可能需要花上好几年的时间去作准备，但无论何时只要你做好了准备（心理上和精神上），市场都永远在那等着你赚取你应得的利润，因为你已经为此做好了准备，并且付出了足够的耐心。随着你经验的积累——你便会从市场上赚取金钱。随着经验的积累——你也会逐渐变老。你的年龄越大——你就越需要一份稳定且"轻松"的收入。你的年龄越大——你所获得的利润就会越来越多，因为那时你已经更"明智"了。在智慧的高峰上，"上面"有人在叫你的名字——那就是"兑现"的时机了。

如果我们不愿去探索研究或在关键时刻动脑子，那么我们在市场上的冒险活动就必将失败。另一方面，如果我们不冲动并拒绝接受那些好心的免费"诀窍"——尽我们最大的努力，刻苦研究形势并观察每一个潜在的因素——那么我们就早晚会在股市上获利。即使你开始失败了，你最终也能得偿所愿。迅速的成功往往会使人晕头转向，并过于自信地以为自己没有必要再去关注、研究及学习——因此最终的损失将不可避免。损失会使人警醒并意识到，并不是"楼上"的一切都那样美好。

因为义人虽七次跌倒，仍必兴起。恶人却被祸患倾倒。

——《圣经》

　　当你在追寻市场交易的真理时，你会遇到数不清的建议以及宣称了解"整个世界"的保证。我们都读过"特洛伊木马"的故事，那些木马确保了风暴过后的成功。我可以向你确保的是，对于还处于初级阶段的你来说，本书中的所有交易方法都是有价值的。你所需要去做的就是实践、实践再实践。如果你一开始就将问题复杂化，这可能对你并没有好处。但如果你能够运用"简单"的常识性"方法"（如我在这里告诉你的一些方法）去了解股市动向，那么你会获得成功。然而，一旦你想成为靠那些神秘"信号"来解决"难题"的"牺牲品"，那么你就走上了一条危险的道路，因为那些信号是你所无法理解或是无法用逻辑解释的。"炼金术"、"预言"、"星象"、"摩西七书"——这些东西都只能给你制造困惑，令你无法摆脱，最终也不会给你带来好结果。

　　要想成功地在股市上进行交易，你需要常识、冷静的头脑、对于经济学的了解、对于图表含义的研究及政治形势的密切观察。最重要的是，你需要掌握更多的常识。你应该努力做到的并不是永远都做得正确，也不是要比"我们"这些专业人士做得更好——而是要在市场需要你进行一次交易时进行保守交易，而且要选择正确的交易方向。

　　如果你在浏览晚报时发现，当天有些股票涨了，有些股票则跌了，或许你的第一反应是"我当时怎么没买那种股票呢？"或者"我怎么会买了纽约中心股呢，而约翰斯曼维勒股才会涨。""吃后悔药"总是无济于事的，丝毫无助于增加你的市场智慧。任何人都不可能关注所有在交易所上市的股票，也不可能利用所有这些股票的动向（谁又能有足够的资金去交易1000支股票呢？）。你所应该期待的是，当你在做一次交易时，你是在正确的时间选择了正确的股票及交易方向。

表面上看，这似乎是个简单的问题。不管怎么说，股市上只有两个方向——要么上涨，要么下跌。有人可能会认为，即便是在两边"盲目地"交易，胜负的希望也是各占五成。然而，事实否定了这种假设。在你所做的每一笔交易中，你都需要支付佣金及税费。如果一次交易遭受了损失，交易者所失去的并不仅仅是股票给他带来的损失——还包括他需要支付给经纪人的佣金及税费。在接下来的一次交易中，他所需要弥补的不只是上一次损失的点位——而且还有两笔佣金和税费。那么照此来看，胜负几率自然就不是各占五成。

"百分比"对你也很不利，因为你通常要支付较高价格买进，而以较低的价格卖出，有时这其中的价差只有0.125或者0.25点。在"交易呆滞"的市场上，这个数字可能会上升到1个点，这就会减少你收支相抵的"百分比"。当然，比如一支股票的低价为20美元，高价为25美元，你就不大可能以20美元（谷底）买进，或是25美元（顶峰）卖出。实际上，如果真的发生了这种现象，那也只能是一个例外，一定会出现在报纸的头版头条。

正是由于这些原因，股市交易中"输家"的百分比总是大于"赢家"的百分比。要想让你自己赚到钱，那么你就必须扭转这一局面。从百分比上看，你所做的交易必须能赚到更多利润，你成功交易的次数必须多于你损失的次数。因此，你要实行的原则就是，在你所做的10笔交易中，失败与成功交易的比例不大于3：7，而且三次失败交易的总值要小于三次成功交易的总值。

如果一个人抱着"碰运气"的心理进入市场，用"掷铜板"的方法作为赌钱原则，完全不具备任何市场知识——如果运气好，他可能真的会实现7∶3的比例。事实上，如果一个人可以耐心地坚持下去，他就能够暂时做到连胜10次。但是，当这个"幸运的赌徒"开始在交易中使用某种推理或"知识"时——他的"好运"就会转向。这时，他就再也不可能收获7∶3或10成的胜算，甚至连收支相抵也无法保证。因此，他肯定会将这一切都归罪于自己当初的"想法"。

一旦你所采取的市场方法是一种"局部思考"，那么你领先的几率也会缩小。只有那些有能力、有愿望进行"全盘思考"的人，才能在交易之路上超越他人而取得成功。如果只有一点点市场思考及认识的话，那还不如根本没有思考或认识好。原因显而易见，市场的反应常常与人们所预期的正好相反。每当股市处于上涨阶段，即在股票价格有所上涨之后，潮水般的电报及长途电话就会向我涌来，人们以各种各样的方式问我，他们是否应该现在买进——如果是的话，他们就会订阅我的《市场调查》期刊。

但是，买进的时机(也是订阅期刊的时机)已经过去好几个月了，"现在"正接近于卖出的时间。

这些"自以为是"的交易者们正在用他们的头脑思考，他们打来的电报和电话就是证明。然而，他们的情绪是被市场激发出来的，而交易是不能依靠人的情绪来进行的，而是要通过冷静镇定的计划来执行的。这些电报和电话(期刊订阅)应在市场形势不好的时候出现(这样就及时了)。

很多"客户"是"丢了西瓜捡芝麻"。他们会冒险把"大笔资金"投入市场，但当他们认为股市不活跃或是下跌时，他们就会力求节省几美元而不去订阅指导性建议。这些"聪明人"省下了20～25美元的订阅费，却在大多数股票都已上涨4～10个点之后才进入股市。甚至还有些客户在上涨行情接近尾声时才进场，那么无论是我还是其他哪位"专家"都帮不上忙了。

　　我希望有一天，法律规定每位预期交易者都要参加一项智力测验。希望有一天，证券交易委员会要求每位参与者都要及时出现，并证明他们具有买卖证券的思维能力。应当制定这样的一项法律，对那些自欺欺人不知应在何时做何事的人进行惩罚。是的，我们是自己兄弟的保护者。该隐——自从那个时候起，整个人类就已为错误的思想付出了高昂的代价。

　　在前面的章节中，你已经了解到，世界大事，包括经济学及股市的领域，都不会是杂乱无章的，万事都有一个"系统"。如果一个人认为整个世界是混乱的，完全没有常常是基于预言的自然法则，那么他在股市上就不会有任何交易可做。《圣经》中充满了"补偿法则"、"作用与反作用法则"、"报酬递减法则"以及许多其他方面的法则，自然及其所衍生的一切正是在此基础上运行的。

　　这里并不是详细阐述这些法则的地方，我也不想依据冰冷的经济学来对待这一主题。但是，我们可以来了解一下补偿法则、作用与反作用及循环理论的某些方面，我将引用爱默生的散文作为说明：

　　在本章和下一章里，我将列举一些事实以揭示补偿的规律：这是一个圆圈，只要我诚心诚意地画了即使是最微小的一段，也将获得意想不到的幸福。

　　反同性，又称作用与反作用，在自然界中我们随处可见：明暗，冷热，潮涨潮落，雌雄异体；生物的源起与终结，心脏的舒张和扩张，流体、声波的起伏；刀的离心、向心；电子的正负；又如，针的一端有磁性，另一端必会有相反的磁性；受南极吸引，必定会受北极排斥；这儿升腾的，就势必在那里压缩。自然万物不可避免地被双重性平分为两半，因而每一事物都意味着与其相配的另一半存在，二者合并才是完整的。譬如，精神与物质，男性、女性，主观和客观，还有出入、上下、动静、与否。

世界具有二重性，世界的每一部分也是如此。整体表现在微小的个体中。类似潮涨潮落，昼与夜，男人女人。每一根松针、每一颗谷穗内，每一动物族类的个体中无不体现着二重性。自然界巨大的反作用反复显现在微观领域内。例如，生理学家已经注意到，任何生灵都不是造物主的宠儿，某种补偿平衡着每一种天赋和每一种缺陷。对同一生灵而言，某一部分的增长必定会导致另一部分的削减，如果头颅和脖颈太大，躯干和四肢就会相应缩小。

机械力原理又是一个例证。能量的获取意味着时间的损耗，反之亦然。行星的周期误差或补偿误差又是一例。气候和土壤的影响亦不例外。严寒，会激励万物。贫瘠的土壤不会滋生热病、鳄鱼、老虎和蝎子。

人的品性和处境也具有二重性。满招损，谦受益；甜中有酸；恶中有善。才能本可以带来乐趣，但如果滥用，也会导致相应的惩罚。二重性可以解释为什么要把握适度的原则。在一方面增长才智，在另一方面就会显得愚蠢。有失必有得，有得也有失。财富增多了，开销也必加大。过度地攫取，大自然就会出面索回他的所有，结果，财富增长了，攫取者却因此丢了性命。大自然痛恨垄断与例外特权。万事万物不停地进行着自我平衡，其速度之快决不亚于高浪跌入低谷。专横、强壮、富有、好运也总会有另一面，其他也莫不如此。

农夫们往往羡慕权力和地位，岂不知总统为了白宫付出了高昂的代价。他通常会失去所有的安宁，甚至人最好的属性。为图一时显赫，他心甘情愿对幕后真正的主人卑躬屈膝。

这一法则适用于城市、国家的法律的制定，任何违背它的努力都是徒劳的。事物不容长时间处置失当。对于刚刚出现的邪恶，似乎没有什么可以制约它。但实际上制约因素确实存在，并终将显现。如果一个政府太残酷，那么，执政者的性命便不能保障。征税太高会导致国家的岁入一无所获。刑法过于残忍，陪审团会履行不了宣判职责。如果一个政府过于民主，那么公民狂热、过激的行为就会削弱政府对社会的控制力，反而使社会的矛盾对抗更加激烈。

上帝的骰子永远都准备着进行裁定。世界就像是乘法表或数学方程式，无论你怎么变，它都保持着左右平衡。任取一个数，结果还是其精确值，不多也不少。每桩秘密终将昭然于世，罪孽终受惩罚，善行终有回报，冤屈终将昭雪。我们所说的因果报应是一种普遍的必然，因而，哪里有部分哪里便有整体。烟暗示着火的存在。看到露在外面的手，就可想见其后的躯干。

凡事都有两面，二者对立统一——针锋相对；以眼还眼；以牙还牙；血债血还；一报还一报，人爱我，我爱人——给予，才会获得——滋润他人，才会得到他人滋润——上帝说，你想得到什么吗?那么，先付出，再拿走——不冒风险，无所收益——一分耕耘，一分收获——不劳动者不得食——玩火者必自焚——咒语总是应验到诅咒者身上——如果你在奴隶的脖子上套上锁链，那么链子的另一端也必将紧紧地绕在你自己身上。阴谋者终将狼狈不堪——魔鬼同时是个笨蛋。

谚语是这么写的，因为生活本来就是这样。自然规律支配、规定着我们的行为，这不以我们的意志为转移。我们为个人的小利而背离公共利益，但我们的行为本身却被自然规律这一不可抗拒的磁力所吸引，最终要回到正轨。

各种各样的人类劳动，从简单的削木桩到复杂的构筑一个城市或一部史诗，都可以证明宇宙中补偿这一定律。

给予与索取的绝对平衡，即凡事都有价的原则——如果没有定量的付出，你只能会得到你不想要的东西，不付出，根本就什么也得不到。这个账目绝对清楚，不亚于国家的预算，不次于昼夜的精确轮回以及自然界所有作用力与反作用力的关系。

通过这些简短段落所展现的智慧，以作用与反作用理论作为背景，我们便可以对从1929年至今的股市状况进行研究。我们在学校物理课上所学的"钟摆效应"现象，至今依然可以得到有效的运用。从一边击打钟摆，钟摆会向反方向运动同等距离。随着第一次击打的动力逐渐减小，钟摆反方向的运动也会逐渐减弱。除非钟摆在晃动时受到其他动力，否则摆动的力量、范围和振幅就不会减小。

在市场上，注意，1929年时，钟摆击中了386点（从1914年的50点）。因此，平均指数于1932年自然又回落到了40点。但是，最初的动力并没有衰竭，钟摆在1937年时回到了137点（1929年时的一半）。接着又一次回落到98点（1937年的一半），然后上涨至158点（高于中部指数137），最终跌回93点（低于98点时形成的谷底）。在我写这本书期间（1943年9月），钟摆获得了更大的动力，推动股市达到146点——不仅弥补了之前股市下跌的65点，还反超53点（这一次上涨了5/6）。相对于股市的"时间"钟摆呈现出越来越大的"力量"，直到弥补101点损失（194点～93点）并继续推进上升至293点。

我们不仅可以注意到作用与反作用（钟摆）的自然法则——而且还可以看到图表上钟摆来回摆动范围的缩小。图表的分支与1929年至今的股市动向联系紧密，并且与这14年内的其他因素相互关联。在我们看来，这个十四年的循环期已走到尽头，市场正在产生一次新的上涨动向。1943年（当时为130点）发出了一个"信号"，即"钟摆"首次超越自1929年（13年）以来的"渠道"并开始上涨，并在1943年7月时涨到146点——就13年的旧渠道来说，这一动向开辟了16个点位的新天地，成为了市场历史上新一轮循环期的开始。市场可能会依据以下政治及经济因素做出判断：

希特勒在对民主国家发动战争之前，先在"原则上"对这些国家进行了攻击。他"厌恶"民主及"资本主义"，也"不喜欢"共产主义。世界上有些现象是非常重要的，如法西斯主义、产业工会运动（其领导地位被罗斯福新政所取代）——除非我们的经济及政治结构中的各种团体所宣传的意识形态有一个根基，否则上述那些现象就不会产生。这些运动，如"银币铸造自由"运动，只是因我们政治或经济体制上的某些小毛病而发展起来的。人类有各种各样的利益，他们会在受到挑战时为保护自己的利益而战。在原始社会中，男人主要会为"食物和女人"而战——你会承认，后者更值得去为之战斗。随着我们变得"文明"，我们开始为"道德"和宗教而战。再后来，随着资本主义与贸易的发展，我们开始为"出口"和原材料而战。

现在，我们正在为"意识形态"而战。我们因痛恨法西斯主义而攻打希特勒。人们的行为是他们所处环境和经济地位的结果，人类的性情也是各有千秋。有人喜欢音乐——或是喜欢看《公牛费迪南德》，或是喜欢闻花香。有人更喜欢战争所带来的"荣耀"，还有人似乎喜欢打斗和谋杀带给他们的"享受"。一小部分人更愿意成为"先驱"，担负起"改善"某个"阶级"、种族或整个人类生活条件的任务。在这种混合因素的影响之下，人们往往会从加入某一党派、拥有一种"改变世界"的意识中而找到出口——通过立法或革命而达到这一目的。

人们会加入各种不同的政治及经济活动，这符合他们各自的性情、社会地位、所处环境、受过的训练、接受的教育以及"受挫的梦想"。正是出于这个原因，"真理"等事物并不存在。所谓的"真理"必须符合某个特定的人、国家或团体的利益。是的，真理是相对的。世界上可以有很多、甚至是相互矛盾的"真理"。

性格社会学运动是指，如果可以得到正常的发展机会，这些社会运动愿意通过一大堆相互矛盾的事件进行自身清理。如果这些运动获得了成功，那么由于目标的实现和抱负的完成，一段堕落的时间便会随之而来。人类的弱点和恶习又占据了上风。新的"领导者"（新政者）不过是一些同样不公正的人，他们披上了新的外衣并喊出了新的口号。如果那些运动没有实现其目标，那么只可能导致两种结果，要么运动会一直进行下去，要么最终服从于"时间"及事件的影响之下，这些团体所坚持的理想和目标就会灰飞烟灭。斗争永远都在上演着。

1942年时，股市正处于顶峰，并准备进行一次新的运动，这并非出于偶然。这一年标志着我国及全世界在政治上跨入了一个新纪元。我们经历了十年的"新政"及社会改革——同时全世界还经历了多年社会动荡的局势。希特勒于1932年开始执政，1942年垮台。

1942年，股市自行达到顶峰，这是它13年以来首次实现了涨势的爆发，这一现象也并非出于偶然。

美国资本主义者们反对罗斯福及其新政，他们（根据未来历史学家的角度）实际上是在与自己的拯救者作战（但是，有时无知也是福气）。

尽管"新政"已经有10年的"实验室经历"了，尽管采取了一系列的措施——通过为资本主义注入更加健康的动力——解决农业问题——改善工人命运——降低失业率等等，但该政策并没有完成使资本主义更加健康发展的计划（我不认为防御计划是健康的）。只有当我们加入战争时，才激发出了资本家和劳动力的双重爱国情操，从而保住了处于进退两难境地的"新政"。在改善"标准资本主义"方面，"新政"是无能为力的。

在经历任一阶段的持续繁荣时，政治、经济及金融必须保持

协调一致。在"新政"到达成熟阶段时，股市冲破了其顶峰，这种现象并非巧合。自1941年起，"新政"就变得越来越"资本主义化"。注意罗斯福与美国劳工运动领导人约翰.L.刘易斯（John L Lewis）的分裂，注意美国共产党领导人厄尔·白劳德（Earl Browder）和纳粹领导人弗里茨库恩（Fritz Kuhn）的入狱，注意取缔战争工厂中罢工的法律。注意"工资袋"、税费及每年超过25000美元的"贱民"收入，注意以战争方式对所有"激进分子"的"清理"。罗斯福自身也发生了"变化"，他一改"把银行家们丢出圣殿"的主张，并开始召集他们"开会"——向他们发售战争债券——让他们为战争出力。

如果作用与反作用的法则真的有意义——那么，在一种健康的资本主义制度下，我国在未来十年中应经历繁荣及自然资源的建设性发展。当这一含义逐渐明确时，股市将大举上涨，道琼斯平均指数将高达293点。

子绝四：毋意、毋必、毋固、毋我。

物有本末，事有终始，知所先后，则近道矣。

—— 中国儒家经典 ——

千万关注
交易量

股往金来

　　这里所讲的"交易量"主题既有理论性意义，又有实践意义。首先，每天坚持记录你在报纸上读到的当日股票交易量，并且同时记录股价的变化范围。在制作图表时，我们应按照这些数据制作坐标图。纵轴表示股票价格（价格垂直刻度），横轴代表股票交易量（交易量水平刻度）。

　　研究交易量对于判断股市未来走向具有重要意义。在一次动向顶峰的交易量突然增大，这就意味着这一运动即将终结。此时便可以预期到，相对于顶峰水平幅度的股票价格将有所下跌，同样，交易量小幅下降——相对于先前的涨势来说——对于熊市来说意义不大。这种情况暗示着，市场没有产生抛售压力。当市场形势稳定下来之后，我们就可以看到进一步的上涨行情。

　　通过使用上述方法，从你的报纸上抄下某一股票的价格及交易量，这样一连几周或几个月后，你就可以从图表上得出清晰的结论，供求关系也可以就此确立。

　　举例说明，如果克莱斯勒以每股大约80美元的价格交易10万股。在接下来的几周内，有4万股在以67或66美元的价格抛出，那么你可以据此判断，在这一波幅内供求关系的比率是10：4，即10万股的需求，4万股的供应。用不了多久，你就可以计算出股票持有者手中还有多少股票。偶尔他们也会卖出股票，这样就形成了市场供应。在一次下降趋势中，如果你的图表显示，与上涨期时所交易的20万股相比，目前交易中的克莱斯勒股票只有10

万股，那么你就应预计到，剩下的那10万股迟早也会交易。

在对某股票持续数月或数年的一次涨跌动向进行绘图之后，这个图表就具备了晴雨表的能力。交易量图表"有助于"告知你，某股票将会上涨还是下跌。同样，如果长年对某股票的一次动向进行绘图，你就能够得知，该股票长期动向中的难点在什么位置。当然，你不能仅仅依靠交易量提供的信号。预测市场动向有各种各样的方法和工具，你应对其加以借鉴和利用，权衡这些方法和工具各自所含的独特信号。"趋势线条"，"渠道"，"头肩走势图"等等，这些都有助于你做出正确的结论(请注意，如果所有信号都显示一种趋势即将转变，这时往往为时已晚。换句话说，当"每个人"都"看到"或者"肯定股市"已经变糟，那么最糟的时候可能已经过去了，反之亦然)。

在价格结构中，股票的供应量具有十分重要的地位。例如，几年前，当克莱斯勒股票处于70~80美元的波幅时，其交易量很大——随后，该股票下跌到40美元并开始反弹——通过在你的图表上记录这一大规模的交易量，你就能够预知，该股票的抗升点会出现在70~80美元之间。当股价接近70美元时，我们就说，"该股票将会遇到抗升"——或者说遇到"供应"。因为，当股价达到70~80美元时，有些交易并没有"清理"或消化掉。

对于那些以70~80美元买进的股民来说，无论获利与否，他们都最有可能抛售手中的股票。这些抛售的股票会拖住、阻碍甚至终止股票的上涨。因此，到了这个时候，由于大多数股票在70~80美元之间被新的买主买进(他们不打算做长线交易)——或者由于"时间因素"及更高价格的期望产生了变化，那些持股人已将股票从"供应"中"抽出"——该股票会停止上涨。只有在敌人部队已被"清理"、"撤出"或"被捕"时，我们才能够占据他们的阵地。

另一方面，如果交易量图表显示70~80美元之间的交易量较小，——你就可以设想，克莱斯勒股将会轻而易举地突破这一波幅——因为在这一波幅内没有其他的股票供应（即前进中没有遇到敌对阻力）。换句话说，在这种情况下，70～80美元不会形成一个无法突破的抗升点（或坚不可摧的堡垒）。

对于某股票来说，特定波幅内的交易量具有十分重要的作用，即使是在5、6或是8年之后，就算该股票再次回到了以前的价格水平，其交易量也依然发挥着不可小视的影响。注意1943年道琼斯平均指数上144～155～158点的水平——由于没能抗制住这一水平，平均指数自1938年11月起就不在这一波幅内。当道琼斯平均指数到达194点时，我们就可以预计到更大的抗升点，因为那是1937年3月的最高点，自从1931年以来这个点位只出现过一次。因此，我们可以说，194点是一个12年期的抗升点，想要攻克它，就要面对很大的困难。同样，想要击破1929年的至高点386点，我们就需要利用更大的力量，得用大口径加农炮和"大锤子"才能击碎它。这个区域已经被封锁了16年，因此很难攻克。

自古以来，量的各个方面就一直影响着人们的生活及愿望。人们发动战争是为了争取更多的领土——更多的量。目前的炸弹数量在赢得这种战争中起了很大作用。不断膨胀的人口和相对少量的国土，成为日本侵略中国、袭击珍珠港的原因之一。影响利润的因素正是生产量。对于一个商人来说，如果销售量不能达到特定数额，他就无法赚取利润；然而，生产商品的数量过多又会导致其价格下降——过度的生产量及供应。黄金之所以昂贵就在于其总量的相对匮乏。如果红宝石和钻石也可以大规模生产，那么它们也会变得像大理石一样便宜。

除非罗斯福能够赢得足够量的选票，否则他就无法连任第四届总统。一个国家的命运及其所取得的进步，取决于这个国家的知识分子，有生产能力及高效工作者的数量。德国在工业领域取

得了很大进步，这正是因为该国有(数量上)比例相当高的知识分子和受过良好训练的工人。美国士兵在赢得战争时的伤亡率相对较低，因为他们的平均智商水平较高。如果一位军官受伤至残，其他人可以继续战斗，因为他们了解自己的战斗能力。

在任何领域，量都具有十分重要的意义。相对于小型零售店来说，廉价商店可以赋予一角钱以更多的价值，因为从总量上看，廉价商店的购买及制造能力更强。在很大程度上，量也可以运用于人物性格之中。对比一下"面黄肌瘦"(卡修斯)和"大胖子们"的幽默和豁达。所罗门王(以色列国王，在位期间国力达到顶峰)有上千位妃嫔，上万匹宝马，但这一切并非出于"实用"的目的，而是为了向那些弱小国家示威，以其"数量"上的能力震慑他们。就发动一场战争来说，与那些需要到其他地方购买物资的国家相比，一个可以自己生产战争物资的国家更具优势。

同样，股市上的交易量也有其重要的作用。如果市场上只有1万股克莱斯勒股票卖出，股价不会有明显的波动。但是，如果有10万股在等待买主，那么该股票的价格就会大幅下跌。随后，当更多的股票急待处理时，该股票的"标价"就会有所下跌。那么，这种情况可能就会使克莱斯勒股票下跌20点。如果一家投资信托公司想买进1万股克莱斯勒股票，股价并不会出现显著的上浮，但如果这家公司想买进10万股克莱斯勒股票，那么股价就会出现大幅上涨。

如果整个股市的交易量在一期卖出50万股之后有所下降——那么没有必要担心股市会继续下跌，因为卖出的股票总量不足以产生很大的破坏力。但是，如果股市在一期卖出200～300万股之后有所下跌——那么，我们有理由认定，更多的股票卖出将会随之而来，股价也会进一步下跌。

交易量也有其收缩点与饱和点。经济学上的收益递减定律在这里也同样适用。如果股市在单期交易量700～800万股之上下跌——或在每天交易300万或400万股的比率上接连下跌4或5期——那么你就可以得出结论，"抛售高潮"已经开始了。那些"胆小怕事"的人早就将自己手中的股票倾销出去了。由于"需求"或是由"空货架"所造成的市场"真空"状态，一场快速的价格反弹即将出现，由此而刺激股价的上涨。

当然，下跌量与上涨量总是"相关"的。1943年，如果单期交易总量达到700～800万股，那就足以登上报纸头条；然而，在1928～1929年期间，每期700～800万股的交易是很常见的。要想对一次动向的交易量进行评判，必须联系上次动向在该波幅内的交易量进行综合考虑。

交易量，与我们生命中的其他概念一样，是相对的。你不能只用一个个整数来衡量个别股票的交易量，而是要对以下几点加以考虑：

1．该股票的总量。

2．股票发行量与该股票某一天或时期交易量（所有股票）之间的比例。

如果某股票的发行量有4千万股，那么就算该股票每天交易5万股，其价格上的变化也会非常小，几乎不会引人注目。但是，如果某股票的发行量只有50万股，而每天也有5万股的交易量，那么，这一交易量就变得非常重要了。如果某股票的发行量有4千万股，该股票日交易量为5万股，但股市总交易量仅为150～200万股——那么这也没什么大不了的。然而，如果某股票的日交易量5万股，发行量不变，但当日股市的总交易量只有50万股（该股票占交易总量的10%）——这就相当于一个警告："等等，看看，打听一下发生了什么？"

你也许会问，交易量是不是影响价格的主要因素？如果不是——我们为什么要关注它——并把它当成股市的信号——为什么不关注股价变化呢？交易量是十分重要的，因为交易量不仅和当前的股价水平有关——还与未来的股价水平有关。交易量是一个预报未来的指数，可以告诉我们股市未来几周或几个月的走向。

举一个简单的例子，某商店在报纸上打出广告说，有4万部"平价"录音机要清仓甩卖，原价100美元，现在的"甩卖价"只要50美元。即便如此，这条广告也没有激发出你立刻购买的欲望。你看到广告时的反应是，既然有4万部录音机，那么不用着急，有的是时间加入到"甩卖"之中。或许，他们并不能以50美元的价格处理掉所有的存货，可能不得不将剩下的以40或30美元的价格卖出——所以，为什么要急着去买呢？

然而，假如还是同一条广告，只是需要售出的录音机改为300部，那么情况就大不相同了。这很可能会导致300或更多的人去商店门口排队，等着商店8:30开门，迫切地想要买到50美元一台的录音机。在这两条广告中，录音机的价格或品质并没有任何变化，促销价格同为每台50美元。只是一条广告上写明有4万台的供应量，因此这会促使价格的下降；而另一条广告上说只有300台出售，这就会形成供不应求的状况。

现在，让我们重新回到股市上来。如果市场上有4万股股票急待卖出——股价可能会产生较为明显的下跌。但是，如果只有300股股票需要卖出，那么该股票的价格可能并不会产生任何波动。你可能会产生疑问，拿商店的广告和股市交易相比并不合适，因为商店说明了有多少台录音机甩卖，但股市从不预先告诉你有多少股票在以什么价位卖出。这正是造成难题的关键点所在，因为你购入股票的价格取决于市场上股票的卖出数量。在录音机的案例中，销售数量是一个已知的确定因素；而在股市的例子中，这却是一个严格保守的秘密。如果通过止损指标和预先设置的订单，你能够提前得知(大约)有多少股票待售，那么这对于你来说是极为有利的。

按照录音机的例子类推——如果股市上有4万股股票在一个特定价格波幅待售，剩余1万股或1万5千股——这些股票可能会以更低的价格卖出。此外，不同于我们那个录音机的例子(录音机一旦卖出，交易就结束了)，一支股票可能会经历多次买卖。持股人将最初的4万股股票卖出之后，这些股票可能还会被买主再次卖出。同一股票的新持股人——最近购买了4万股，发现股价在没有任何明显原因的情况下有所下跌，那么他可能会清理他们持有的股份，这样就形成了更大的抛售压力，并造成股票价格的进一步下跌。换句话说，同样的4万股股票可以产生3或4次"供应"——每次都会更换新的持有者，并出现更低的价格。

因此，如果有内部人士想卖出某发行股票的一大宗4万股(如果你也经营过4万股股票，你也会是和他一样的"内部人士")，那么对于他来说，隐瞒他想卖出的股票量是一种有利的做法。

这也正是我们研究"交易量"的好处。不要忘记，除了"他们"之外，我们需要对付的还有大众。

大众经常会对股市施加很大的影响。提前洞悉大众的下一步行动，这往往比预测内部人士的举措更难。毕竟，内部人士和有经验的交易者是按照逻辑和常识采取行动的，你只需要像他们那样去做，就能够得出相似的结论。

通常情况下，当市场出现接近于熊市的趋势时，我们并不希望内部人士买进。或者当股市处于一次涨势时，他们也不会感到恐慌。然而，大众的买卖则很难预计。他们的交易无章可循，既没有方向，也毫无准确可言。他们在交易时没有计划或系统——没有节奏或理由——因此，只有通过分析他们买卖的股票量(以及所交易的证券种类），我们才能"嗅出他们的踪迹"。

我的任务是告诉你方法，而你需要自己来找到保持这些图表的方式与途径。我们所讨论的图表有两个坐标：第一是纵坐标，用来标明价格涨跌，以0.125为单位刻度。第二，横坐标，用来标明交易量。当然，所用的"刻度"应根据你所记录的股票而有所区别。在记录通用汽车股或美国钢铁股（每日交易量都很大的股票）时，X轴（横轴）范围可以定为1～5000或10000。在记录那些不太活跃的股票时，必须对"刻度"做出相应的调整，建议调整到1～100、500或1000股。

这些图表显示：（1）以0.125个点位为标准记录股票价格的上涨或下跌（垂直）。（活动日期可标在图表顶部）。（2）当日股票交易量。用横轴记录某一时期的交易量，以图形的（水平）宽度标明。图形越宽，交易量越大。（3）当日股票的价格波幅可以清楚地显示出来。图表的谷底图形表现股票的低价，顶峰图形表现其高价。当然，股票高低价的交易量也需要在图表上表现出来。

通过每天对基本数据进行制图，交易者可以对交易情况进行细致的研究。你可以在日报上找到所需的日期，每支股票旁边都标明了其当天交易的总量——及其当天价格的变化波幅。你不需要画出收盘图——你所需要了解的只是高低价位。然而，你可以用红笔在同一张图上标出收盘价——或者你可以先忘掉高低价位，只标出收盘价，但最好还是先画高低价位图。

我们可以从周日或周一版的证券报上得到一周数据。很多报纸在周日或周一（有些报纸在周六）提供个别股票一周的交易量，以及一周的股票价格变化波幅。这适用于那些只做每周图表的人，而且只针对主要趋势的交易。交易量的每周图表会产生误导，因为有时股票会在一周内跨过两个价格波幅。一个价格波幅内的股票交易量，可能相当于另一个价格波幅的两三倍。如果只对每周数据进行绘图，所显示的交易量很可能受到扭曲或误导。因此，你要每天记录数据，制作显示高低价位的交易量图表。

你很容易发现，这个绘图的方法很可取。因为这种方法可以持续有效，你无需订阅《消息查询》，就能够得到无法从日报及周报上获取的资料和数据。（每周信息可以从《拜伦周报》中获得）。你所需要的只是，一支铅笔、空白的图纸和一份报纸，然后你就可以开始制图了。

为道琼斯工业指数绘图是最为重要的（当然还有铁路和公共事业指数）。上述方法可以应用于绘制每日平均指数的高点及低点。如果条件允许的话，最好可以制作每小时工业指数的交易量图。当你绘制每日道琼斯工业指数时，你要标出纽约证券交易所中所有股票总销售量的数据（不包括工业指数中股票的销售量）。在绘制铁路指数和公共事业指数时，也要依照此法。

我绝对没有夸大每日绘制道琼斯工业指数图表的重要性。通过上述的方法，每天坚持绘制并研究平均指数图，这会逐渐为你揭开股市的"神秘面纱"。然而，交易量图表并不能"及时地"体现趋势线，因此你需要以股价、而不是交易量为基础，再绘制另一组图表。

在绘制道琼斯指数图表时，你需要做出必要的妥协。个别股票的出售需要考虑到0.125点的价差。然而，平均指数的制表单位是十进制的。例如，132.34、132.88等等。图表上的每个方块代表0.125或者1/8点。所以，在绘制平均指数的图表时，你应该在方块中靠近数据的地方插入股价。例如，当道琼斯平均指数达到132.10或者132.15时，在0.125的方块上画个"X"。但是，如果指数是132.20，那么就在0.25的方块上画上X，因为这个数字最接近0.25或1/4点。

在画交易量图时，要根据交易量的大小插入水平的"X"。如果交易了5000股，而理想的"刻度"是每个"X"代表1000股——那么，你就需要插入5次X。慢慢地，你就会制作出一个以交易量为主导的图表——交易量是处于涨势还是跌势，这个图表的重要性不可小视。

如果你用我的方法与"条形法"做比较，我的制图步骤是在同一图表中绘制交易量及价格，而条形图是把交易量的线条画在图表的下面。我相信，你会发现我的方法更有利。我正是因为看不懂条形图，才设计出了能够为我自己所用的方法。

你一眼就可以看懂我的图表——同时表现出了相对重要性，因为交易量增大会使图表横轴形成加宽的形状，增加水平的宽度。通过横轴的交易量数据，着重凸显了股市的下跌运动。这样我们就能更轻松地看清并理解状况。你绝不会看错抗升点的位置，因为图表上进行了清晰的标明，这对于交易来说非常重要。

当然，我们不能单凭图表来预测股市。其他因素，包括政治、经济及心理素质，都是与预测股市相关的明确因素。然而，在对多方面因素加以考虑之后，图表可以最终揭示股市的动向，使我们对下一步行动做出明智的判断。

一个人如何从整体上判断市场的"技术活动"？道琼斯指数的作用就在于此。如果上周的高点是129.61，而这周的高点达到了130.60——图表简单有力地证实了上涨的事实。如果上周的低点是125.38，而本周是127.42——那么，我们的推论就得到了进一步的确认。除非图表上的图形发生变化，否则你不需要对股市方向改变想法。在你面前的图表上，你所看到的就是某股票的运行图——包括其高点与低点。

为了便于讨论，我们假设股市的动向是下跌的——持续一周的连续下跌，你会在股市的高低点上注意到这一趋势。股市一路下跌，直到平均指数到达121点，之后开始反转至132点。比较个别股票在这一反转中的动向，并对你所记录的20种股票进行研究。当然，你已经在图表上绘制了这些股票的高低点位。在这些股票当中，有一支股票上周的低点高于前三周低点。其他股票上周的低点则高于其前两周的低点。那么，这支股票的表现优于其他股票，因为它持续了比其他股票多一周的低位，因此你应该购入这支股票等待其上涨。比较来说，这支股票更"渴望"卖，以摆脱过去三周下跌所造成的低点——而大多数股票只能攻克过去两周的低点。

还有，注意同一股票上周的高点运行图，你可能会发现相似的现象。在大多数情况下，如果某股票超过前三周的低点，那么它同样可以超过前一周或两周的高点。这是个更好的信号，在你记录的20支股票中，选择这种比其他股票攻克了更长时间抗升点的股票。这就是你应该购买、以待其上涨的股票。

还应对你选中的股票与道琼斯平均指数进行比较。与道琼斯平均指数相比，你的股票表现如何呢？道琼斯平均指数的低点是否超越了前三周的低点——而你所选的股票只超越了前两周低点？如果是，那你选的股票就不如股市（平均指数）好。如果情况正相反——道琼斯平均指数只折现了前两周低点，而你所选的股票攻克了三或四周的低点——那么，你所选的股票就是优于市场的。

在这种关联中，必须还要将高点考虑在内。你所选股票的高点是否超过了前一周的高点？如果答案是肯定的，这就是很有利的现象——如果该股票超越了前两周的高点，那么情况就更加乐观了。

现在，你已经掌握了如何绘制高点及低点运行图——如何将你所绘制的图表用做每日的股市测量仪，用来测量个别股票和道琼斯平均指数的表现。这个图表非常有效，因为它以0.125度作为单位，而这正是股票交易的实际价值。

不要忘记，考虑股票上涨及下跌时交易量的变化。如果股票交易量在经历一段上涨行情后，比几周或几个月前有所扩大，而股价却没有发生足够的上涨以补充其交易量的加大——这就证实了你的猜想，即该股票的顶峰价格正在形成。如果你的股票在一周之内持续下跌，交易量的水平图形相较前几周变窄——这预示着情况即将好转。如果股票在一周之内持续上涨，同时交易量图形变窄，这意味着该股票的交易量已经停止上涨了——这时，你要思考一下，也许上涨动向马上就要终结。

对于次要趋势及短线交易的交易者来说，他们想知道如何在大盘还在"转动"时快速确定"交易量"的结果——在此，我将举例说明，一个人如何通过交易量的"速成"学习而买卖股票的。

克莱斯勒开盘售出了700股，股价为每股81.125。随后，在10:00～11:00之间，又有2800股克莱斯勒股卖出，同时股价比开盘时有所降低。这是一个信号，意味着该股票的价格将会下跌。我认为：如果开盘时以较高价格售出700股——一小时后又有2800股售出，价格却下跌0.125个百分点——那么，明智的选择是稍做等待，因为可能会有更多的股票待售。"大盘"果真没有欺骗我。11:00～2:45之间，又有9200股换手，价格也跌至80.725。由此，我的预测得到了证实。显然，更多的股票正在寻找买主。最后，在2:45～3:00之间，又有1000股卖出——该股票最终以80.125的价格收盘，一天之内仅损失了一个点。

现在，我想你肯定会问，为什么我把一天的交易时间分为四个阶段呢：(1)开盘；(2)开盘至11点；(3)11:00～2:45；(4)2:45至收盘(下午3点)。答案就是："小型时间因素"。

股票的开盘价是一个重要的提示信息。一夜之间，交易者们会下达很多订单，他们并不是经纪人办公室的常客——他们会自已对晚报和图表进行研究，然后给自己的经纪人下达命令，要求他们买进第二天早上的股票(在和平年代，电报订单从世界上的各个角落接踵而至)。如果有需求——尤其是有好消息公布时——开盘价就会比较高，而且交易量会较大(在我列举的例子中，交易量很小——只有700股——意味着该股票暂时的活跃度一开始就"较弱")。

开盘到11点之间常常是股市的"试验场"。如果因为开盘价上涨而产生了更多需求——股价在这一时段将上涨。如果因为好消息而产生了开盘高价——有些交易者可能会在这一时段兑现其账面利润。如果需求较小，又没有可以期待的好消息——有些交易者就会因害怕股价进一步走低而卖出股票。在11:00～2:45之间，所有参与交易的股票都可以被看做一个整体，我们没有什么特殊原因对其分开考虑。然而，在2:45～3:00之间(收盘时段)，这又是一个关键时刻。

有些交易者希望，在一个交易日结束时就清理掉手上的所有股票。其他人更愿意购买或卖出股票——这取决于他们对于次日开盘情况的分析。因此，这15分钟通常体现了大多数人对于第二天股市情况的看法。所以，我会单独来解释这15分钟的意义。在以上交易日中的2:45～3:00之间，1000股克莱斯勒股以更低的价格卖出——这一情况提前告知我们，明天早上(一切都会平等地开始)的开盘价可能会更低。

果然不出我的意料，第二天的股市果然开盘很低，但是图表发生了变化，因此我们的推论也要做出相应的改变。一开盘，有2000股股票以每股79.25美元的价格卖出。这一现象值得我们考虑，这表明人们对该股票在这一价位上的需求，这种情况常常会阻止股价的进一步下跌。观察该股票在大盘上的动向，我推断在这一价格水平上，人们对于克莱斯勒股是有很大需求的。这就意味着，现在是买进做短线交易的好时机。

由于开盘时的交易量更大——而且交易量和需求的确在进一步增长——我决定不等到11:00，而是在形式大好之时进场，此时的股票价位正好适合做短线交易。因此，我买进了股票，结果该股票在22000股的交易量上涨至每股81.5美元，需求果然在上升。在下午2:45～2:55之间，又发生了2000股的交易，股价也上涨到了83.25美元。

站在逐日交易者的立场来审视整个行情，我决定兑现我的账面利润。然而，我一直等到3:00前的最后几分钟，因为该股票一整天的走势都很强劲，所以不太可能会在收盘时低价清理。我以每股83.5美元的价格卖掉手中的股票。第二天，克莱斯勒股票开盘价为83.475美元，有1500股卖出。这并不是个好兆头，意味着昨天低价购买的交易者们想在今天开盘卖出——以兑现他们的利润。

由于我已经平仓，可以更加客观地观察股市的走向。在这一交易日，有24000股克莱斯勒股以每股81美元的低价售出，股市收盘时的股价仍是81美元。我注意到，这三天以来，大多数交易一直在以逐渐高涨的价位运行。我还发现，随着股价的上涨，交易量也有所增加。这确实是一个好信号。然而，由于这一交易日已经结束，我什么也做不了，只能等待明日开盘。

第二天，第一笔订单的成交价仅比昨天的收盘价低0.25点。10:00～11:00之间，股价上涨至82.125美元，同时交易量增加了3倍。我认为这是一个好信号，于是便买进股票。11:00～2:45之间，又有11000股以82.625美元的价格进行交易。次日，股价上涨至84.125美元，我得到了回报。然而，交易量却下降到了10000股，这表示需求量的减少。但是，我依然持有股票，因为84.125超出了以前的高点——而且星期六只有2个小时交易时限，因此我决定先等等，看股票在这个价位上会怎样表现。

大量的交易发生在股价为84美元时。交易量为1000股的克莱斯勒股票试图攻下84.375美元，但是没有成功，这可不是一个有利的现象。如果交易量放大，但股价结构没有产生进一步的上涨情况——那么最好将手中股票套现。在84美元左右的价格水平，我清理了手中所有的股票，价格开始下跌。

我观察了自己绘制的图表并注意到，虽然上涨达到顶点，交易量也不错——但股价下跌到80.5美元时，只有1000或2000股的交易量。我还在大盘上发现，该股票上涨至81美元时，交易量也很小。图表显示，该股票的走势形成了一个"三角"，现在已经到了顶点结束之时，所以一定会在某个时刻"爆发"。

我仔细研究了图表，根据常识我认为，爆发的方向应该是向上的。为什么呢？因为图表显示，当股价上涨近84美元时，交易量比下跌到81.5美元时的交易量更大。通过画出趋势线条，我也发现，所有阶段都指向上涨行情。我从顶部画出一条线连到股价上限——同时画出一条线连接低点形成下行线。该股票的次要趋势与中间上行线之间只差0.125个点位（这正是"三角"线形）。

于是，我再次决定买进。上帝保佑了我，"三角"的确向上爆发。但是，一切好事都有结束的时候——而且就像故事都应有一个愉快的结局一样——我会趁"形势大好"之时来结束这次股票交易。

愚蒙人是话都信。通达人处处谨慎。

—— 《圣经》箴言 ——

道琼斯理论——
长期投资者专用

股往金来

　　在这一章，我将着重说明道琼斯理论。查尔斯·亨利·道创建了这个理论，威廉·汉密尔顿对其进行了补充完善。市场上的很多理论都可以从道琼斯理论中找到根源，查尔斯·亨利·道在进行了一系列研究后得出了这一理论。他是道琼斯公司的创始人，同时也是《华尔街日报》的掌管人之一。威廉·汉密尔顿与道琼斯于1922年（道·琼斯去世之前）合作发表了一本书，书名为《股市晴雨表》，此书有助于我们全面地了解道琼斯理论。

　　此书对道琼斯理论进行了分析，并阐释了这一理论与市场的关系，这些内容对于交易者来说非常重要。世上最有价值的东西莫过于知识，谁也不能随意对其进行没收或征税。这是因为，无论什么样的政府掌权，他们都离不开知识。罗斯福总统曾强烈地打击过"银行家"们，但他也号召他们为国赢得战争。

　　我自己本身并没有师承道琼斯理论，也没有依靠这个理论去做股票交易。但是，无论如何，我在做市场分析时都要将其考虑在内。股市上有很多道琼斯理论的坚决追随者，所以为了安全起见，我必须观察他们正在做什么。要知道，在股市上，真正重要的并不是你自己认为重要的东西，而是别人的想法。

　　在这一章中，我将要做的主要是揭开道琼斯理论的神秘面纱，并且为交易者提供一种实用的股票买卖方法，以确保他们交易的成功。这一章中的大部分内容似乎与道琼斯理论没有直接关系，但通过学习这部分知识，我们就能够学会如何在现实交易中利用这一理论。本章所涉及的所有关于道琼斯理论的看法、解释及评论都出自作者本人，与其他关于道琼斯理论的解释无关。

道琼斯理论的最大优势就是，我们可以据此对经济状况做出预测，因为股票价格的下跌常常会发生在经济蓬勃发展之时。为了调节自身与未来交易条件（市场所折现）的关系，市场只能降低某股票的价格及道琼斯平均指数，以此方式发出一种专横的信号。

道琼斯理论所关注的主要是市场的主要动向。通常在市场发出信号六个月或者更久之后，该理论所做出的"预测"才会应验。1937年，股市花了六个月时间（即从3月到9月）来验证道琼斯理论的正确性，该理论预见到股市将会在三月份转为熊市。三月，我们经历了熊市，股市下降了30个点位，从194点下降到165点；然后又上升了25点，从165点到190点；接着又下降24点，从190点下降到166点。尽管股票还处于这一"测试区"中，但商品价格及交易已经开始下滑。

对于股票交易来说，1937年的信号已经"足够好"了，因为股市又下降了65点。然而，在接下来的1938～1941年期间，按照道琼斯理论所进行的交易，都是以亏损或获利很小而告终的。有些"信号"来得太迟了，几乎无法令人在一次波幅内获利（或是不赔不赚）。

道琼斯理论的第一步是，为道琼斯工业股价平均指数和铁路股价平均指数画图（或做记录）。从平均指数的波动情况，我们可以看出股市发展的趋势。该理论证明，股市下跌会带动经济下滑（同时经济下滑又反过来会进一步影响股市）。

众所周知，股市上有三种趋势，主要趋势、中期趋势、次要趋势。主要趋势可以延续3～8年，甚至更长，其延续周期取决于经济的基本情况。道琼斯理论并不关注日常的股市变化——无论股市是上涨还是下跌，该理论只对主要趋势进行分析。

举例说明1937年道琼斯理论在实际操纵中的作用。"牛市"从1932年延续到了1936年，在1937年3月时达到顶峰。但当时出现了一些震荡，1937年7月，当股市突破道琼斯工业指数低点——165点时，这预示着1937年9月的下跌动向。对于3月份的194高点来说，这只是下降了30个点位。8月份，股市反转上涨至190点，但并没有回到194点的高位。如果以道琼斯理论为标准的话，股市还没有出现明确的下跌信号，但按照人们的经验进行判断，股市已经开始转弱，因为很多个别股票都已达到其最高值，股市进入了胶着状态并没有超过194点。直到平均指数跌至165点时，道琼斯理论还未确定"熊市"的到来，而道琼斯理论的坚定支持者们，也继续相信股市市价将会看涨。当指数继续下滑突破165点时，道琼斯理论才确定"熊市"的真正到来，并在164点时建议人们卖出股票。

广义上来说，这是一个关于道琼斯理论基础的例子。如果你严格坚持道琼斯理论的原则，那就意味着你从三月到八月都在持股，而股指在这一过程中从194点降到了165点，然后又上涨到了190点，直到再次下降并且突破165点，并于九月份开始下跌。直到此时，道琼斯理论的坚持者们才开始清仓（该理论的追随者们于1938年点位在122~127时开始回购股票，而事实上最低点在98点）。

人们应该熟知道琼斯理论，但不要将其与道琼斯指数混淆。我在进行股票交易时往往会注意到，市场动向反映在个别股票及指数上的情况，并从中看到市场给出的暗示。我关注有代表性的个别股票、各种指标、以及经济及政治结构的各种征兆。我并不严格遵守道琼斯理论，但我却密切地关注它，因为股市中有太多该理论的追随者。在我看来，道琼斯理论是另一种晴雨表，因为

该理论的追随者们根据此理论买卖股票，因此该理论以其自己的方式对市场施加了影响（但是，在刚刚过去的几年里，这种影响却受到了忽略）。

大家应该已经推断出，市场在价格及交易量上的波动表现了全世界工业、金融业、政治人才的智慧结晶、丰富知识及远见卓识。对道琼斯理论来说，平均指数就像地震仪一样，能够测量任何时间发生在世界上任何国家的地震，这一指数还可以看出国王、总理、独裁者和政治家们的计划和阴谋，以及这些阴谋可能会在我们身上产生的影响。

当一个实业家或政治领导人感觉到，社会或经济结构会发生某种变化时，他便会买进或卖出股票。他所做出的一切反应都产生自他对于未来的预测。这也就是股市浮动的原因，人们对于未来的看法各不相同。当人们的观点逐渐趋同并且逐渐清晰时，分歧也就不存在了，这时大多数人对于市场的看法只有一种——要么暴涨要么暴跌。但不论是暴涨的顶峰还是暴跌的谷底，都不会持续太长时间，而且在10年内基本不会再次出现。因此，对这些因素加以利用几乎是不可能的，人们只有预见到这种特殊现象，才能从中获利。

总的来说：股市以其所积累的知识、智慧及远见卓识展现自己，并将以上一切表现在平均指数上。买进股票会使股市上涨，而抛售股票则导致股市的下跌。道琼斯理论者们关注道琼斯平均指数，其原因是他们坚信道琼斯理论，但事实上，还有很多其他指数可以拿来参考，比如纽约时报或者先驱论坛。在我给客户做的市场调查报告中，我使用了4种我自己设计的指数。借助一些复杂计算器，我需要2个多小时来计算一天的指数。

根据这些指数，我们可以看出，在一个延续时间段内，世界各国领导人对于股价涨跌大势具有不同的判断。日常波动并不能反映整个世界的综合判断，因为这类股市变化的范围实在是太窄了。由于世界的综合判断是经济阶级及经济利益的精确体现，这种判断深深地植根于历史背景中，既包括过去的历史也包括当前的历史情况，因此次要趋势对于这一判断不会产生太大影响。

对于优秀的交易者来说，这些都可以被视为真理，就像教徒坚信"福音"一样，对于道琼斯指数也是如此。道琼斯理论者们依然不关心股市的次要趋势。虽然主要趋势和中期趋势处于熊市，但是某些个别股票在熊市中可能会逆势上涨。一些内部人士的小小"试探"或交易（在呆滞的股市中进行，以维持"大盘"的继续转动）——以及大众的"恐惧"与"希望"——使股市继续处于震动状态。然而，就平均指数透露消息的故事来说，谁都应对其不予理睬。也许股市的中期趋势处于上涨阶段，但只要主要趋势处于下跌状态，道琼斯理论者们就不会在此时买入股票。主要趋势总会给交易者带来泛滥的过度乐观或极度悲观情绪，而中期趋势往往能够对此进行校正。

股市的三种趋势会产生连锁反应并相互影响，但股市只能通过主要趋势以平均指数的方式表现世界的综合判断。次要趋势完全不能体现世界的综合判断，中期趋势也很少能做到这一点。当股市处于中期趋势调整状态时，如果整个世界的判断发生了变化，那么中期趋势就可能会演变为主要趋势，这完全取决于当时世界的变化和趋势。但如果你只遵循道琼斯理论而放弃其他所有理论，你必然不会受到那些典型个别股票、新闻、政治及战争或和平的影响。道琼斯理论会看到并吸收一切，平均指数的股价变化最终将会折现出一切。

你肯定会忘记一个事实，那就是市场有时是人为操纵的。你也许认为，华尔街的一切变化都来自于以上我们所提及的那些势力作用。人们只能人为操纵次要趋势，而次要趋势可以影响每日的价格波动。但是现在，人为操纵股市的行为是被禁止的，这是股市的禁忌。道琼斯理论从来不认为任何次要趋势是重要的，甚至有些道琼斯理论者连中期趋势都忽略不计，只有一种情况例外，那就是当中期趋势超越其自身界限向主要趋势变化之时。

我不断重复这一点（我这样反复说明是有目的的，即让读者能够完全理解这些观点），我认为主要趋势就是指"牛市"或"熊市"，并且这一趋势会延续好几年，它完全受控于基本情况及我们所处的经济周期。在主要趋势中，中期趋势会是不可避免的，并且频繁地产生与主要趋势相反的上涨或下跌活动，其作用范围处于原趋势的1/3或2/3之间。这种中期趋势所做出的反应，主要归功于股市的技术条件，以及之前过度或反常的股市主要趋势运动（股民在过度乐观和极度悲观之间来回摆动，其摆动幅度大大超过了正常的界限）。但即便如此，主要趋势依然处于有效期之中。

作为一个投资者，你必须能够明确分清市场是处于主要趋势，还是处于中期趋势。例如，如果你在"牛市"（"牛市"是市场的主要趋势)购入股票并准备长期持有。但是，股市的中期趋势呈下行状态，并会影响到你所买股票的市值。此时，你不必过度担心，因为只要股市的主要趋势处于"牛市"，上涨的趋势最终会回来(也许你会问，如果"牛市"不再回来了呢？这也正是以道琼斯理论进行交易所要面临的问题）。如果你犯了不可饶恕的错误，如在"熊市"的中期趋势中(在你看来似乎是"牛市")购入了股票，那么在这个大趋势中想要挽回损失的希望就微乎其微了(无论你是否按照道琼斯理论进行操作，都不会有用)。

道琼斯理论只遵循股市的主要趋势。按照该理论，人们等待股市发出确切的熊市信号，然后购入股票，但那时指数已经不在谷底了。之后股民们会一直持股，直到市场发出确切的牛市信号，通常那时股市的最高点已经过去几个月了，于是人们按照道琼斯理论卖出股票。

1937年后，道琼斯理论开始面对更大的困难，因为牛熊市互换时，上下仅仅浮动了30个点位。在这种情况下，人们很难利用道琼斯理论推断出获利点，这就好像派克车（30年代的派克车是风靡全球的名车，与丢森堡，科特等古董车齐名）不能在小道上掉头一样。对于一个优秀的交易者来说，他会根据常识对道琼斯理论进行调整，并以此谋利。但在这种情况下，只使用常识就可以了，这比根据常识调整过的道琼斯理论更有益。

如果遵循道琼斯理论，你必须时刻关注，铁路平均指数与工业平均指数是否相符。在一个平稳而健康的股市上，工业指数与铁路指数之间常常存在着某种程度的协调或平衡，如果这种协调或平衡不存在的话，工业指数就不可能成功地实现上涨，反之亦然。同理，如果工业蓬勃发展，铁路运营上升，铁路利润增加，股指上涨。如果情况相反，则铁路指数受到影响，股指下降。如果两种指数之间的差距过大，则意味着经济结构出现了异常情况。

人们越来越难以遵循道琼斯理论，因为自从公共汽车、卡车、飞机的出现，铁路业似乎已经成为一个成熟的工业，很难再有发展壮大的空间。汉密尔顿发展道琼斯理论，他肯定是没有预见到，今天强大的空运运送着众多旅客、货物以及邮件。我们可以拭目以待，看战后铁路运输所占的份额是否迅速下滑。人们认为，空运会取代"普式火车"70%的客运量，取代20%的火车货运或快递服务。也许到那时，道琼斯理论会采取"空运指数"作为有效的平均指数。

有时，遵循道琼斯两大股指互相印证的理论会付出代价。1941年2月，工业平均指数降低了10个百分点，从127点降到117点，而铁路指数仅仅降低1个点，从28点降低到27点。道琼斯理论的追随者们损失了10个点位的工业指数，却只换来一个铁路指数的下跌。那些"内部人士"最喜欢在道琼斯理论的池塘中钓鱼。他们像那些道琼斯理论的追随者一样熟知这个理论，这就像对摇篮里的婴儿实行抢劫，那些婴儿（道琼斯理论的盲目追随者）死咬住道琼斯理论不放。对他们来说，道琼斯理论比任何事物都更加神圣，他们崇拜它就像崇拜一种宗教一样。

按照道琼斯理论，当反转没有突破上个牛市的最高点——并当下跌跌破了上次股指最低点时，市场就会发出危险的信号。在熊市中，则会出现相反的"症状"。股市上扬或下跌的程度为市场趋势发生变化做出信号，但这并不是非常严重的事情。随后发生的上扬或下跌会进一步印证股市的走向，这一变化才是最重要的。一旦市场发出的信号起到作用，股市的交易量就一定会放大。这说明，现代道琼斯理论者们犯下了错误，或者他们对于市场信号做出了不同的解读。

除了观察平均指数外，你还应该关注积聚与分派的基础，道琼斯理论称之为"线条"。很多书籍和著作都对道琼斯理论进行了讨论，你可以通过阅读这些内容，补充在我这里没有学到的东西。但是，也许你在读完这类读物之后会发现，我在本书中对于道琼斯理论的解释虽然有些谦逊，但可能更充实、更实用。

我建议你去研究一下道琼斯理论，但除非牛市和熊市再次进入100个点位甚至更多的"轨道"，否则我不推荐你使用道琼斯理论谋取利润。当你按照道琼斯理论操作，安全入市并出市后，你在股市的盈利范围已经非常狭窄，不足以再让你获利了。几年之内，你所付出的努力与所冒的风险都不会为你换来"中间利润"，而道琼斯理论的本质却是要获得"最佳的中间利润"。

在本书中，我将向所有投资者、交易员以及道琼斯理论追随者提供几条常识性的规则，这些规则对你们来说意义很大。在这些规则中，道琼斯指数依然有效，同时还有你可能会用到的很多其他有效指数。更为重要的是，这些规则既适用于你所买的个别股票，也适用于平均指数（而道琼斯理论对个别股票是没有指导意义的）。

为了提出这些规则，我将引用某些特定的数据及数字。毋庸置疑，这些规则对于所有数据以及数字都是适用的。请注意，我所提的部分规则并不是根据道琼斯理论而做出的。

规则A：如果股指在145点达到最高点、下跌时反复在125点达到最低点，如果股指再次下行但并未突破125点，而是停留在126点，并且开始反攻上扬，这时股市是最安全的，可以买入并等待145点的高位出现。

如果股指停留在144点或在144点左右徘徊，但没有显示出足够强劲的力量突破145点，这时候最好卖出股票套现。即使股市可以达到147点，我依然建议在144点时卖空股票。在这种情况下，你应该在147点时重新建仓，并且补充与144点卖出时同等数量的仓位，等待股市上涨突破147点。这样你才可以弥补144点卖出的损失（这个规则并非来自道琼斯理论）。

规则B：如果股指下降到98点，之后上涨到119点，然后再次下跌到108点，接着再次涨到120点。一旦这种情况出现，意味着股市会继续上涨。如果股指没有涨到120点，而是停止在107点，这可能意味着股指会继续下跌（道琼斯理论）。这时应该进行空头交易，并将止损点定为109点（非道琼斯理论）。

规则C：如果股指一直上涨，从108点上升到145点，中间没有出现反复，那么假如股指下跌24个点位，到达121点时，股市上涨的态势并未结束。然而，如果股市下降超过24个百分点（上涨点位的2/3），那么股市可能将改变其上行趋势，开始下跌。股指在上涨指数的1/3至1/2间反复运动，这代表一种明显的上涨或下跌趋势（部分借鉴道琼斯理论）。

按照道琼斯理论，铁路平均指数必须与工业平均指数的运动趋势保持一致。如果工业平均指数上涨到前所未有的高度，而铁路指数并没有做出同样的反应，二者不能保持同步，那么这就代表危险即将出现。单一平均指数的上涨并不能代表股市一定会上涨，必须在一个指数上涨的同时，另一指数也做出同步回应的情况下，才表示股市会上升。按照道琼斯理论，你必须等待两个指数互相印证，才能决定入市或者出市。

规则D：道琼斯理论对于个别股票的真正好处是什么？如果X达到53点，继而退回48点，再次上升到52.5点就停滞不前，那么此时就不宜买进，而是应等到股市上升到53.125或53.5点时再行买入。如果股市一直下降到47点，则不能买入股票，而是要等待股市回到49点或50点才可以买入。事实上，你也可以在50点卖出部分股票，因为在这种情况下股市很可能会下跌。

然而，如果股市从48点上升到53或54点，然后下跌到49点，那么你就应该买进股票，并期待股市上涨到58点或更多。

通过这条规则，你会发现，个别股票的操作方式和道琼斯指数的运作方式基本相同。你需要仔细观察的就是，大多数交易者所考虑的"新高"。那或许并不是购买股票的好时机，你应该等到股市稍稍下跌一些再进入。但是，别指望股市会重新跌回48点，它很可能会停留在52或51点，这才是安全的买入点，买入后你就可以期待股市上升到59点或者更高。

你要听劝教，受训诲，使你终久有智慧。

懒惰人因冬寒不肯耕种。到收割的时候，他必讨饭，而无所得。

殷勤筹划的，足致丰裕。行事急躁的，都必缺乏。

——《圣经》箴言 ——

股往金来

炒股的
32条军规

世界上的万事万物都受特定自然恒定规律的支配。我们曾在学校学到过很多重要的科学原理，如地球遵循一定的规律围绕太阳公转，月球以精确的轨迹围绕地球公转。宇宙中的万事万物，无论是有形的还是无形的，都受各种规律及法则的推动与支配。

同样，一些明确的规律也在支配着我们的行为。如果我们遵循了这些规律，它们就一定会帮助我们获得成功。如果我们与这些规律背道而驰，那么我们就极有可能遭遇失败。

股市交易已经融入了我们的经济体系，其动向会受到某些特殊规律的支配，就像我们的生活及世界会受到规律的支配一样。除非我们完全领会了这些规律和法则，并使之成为我们"习惯"的一部分，否则我们谁也不可能成为成功的交易者。

通过利用这些法则，你最多只能将损失减少至最低限度，从而保存你的资金。然而，十诫的内容却主要是消极的，如"你不得杀戮"，但谁也不会因为不杀戮而得到奖章。因此，这条法则的作用只是让你远离监狱，或是避免走上绞刑架的厄运。但是，法则本身并不能给你带来利润。世上并没有什么（积极的）法则可以使你保持健康和富有。如果你想要阳光、维生素和美食——你就必须要出去找。

我们有必要彻底理解并完全把握促使股票运动的潜在动因，只有提前对这些因素进行充分的观察，你才能作出相应的行动。接下来，你必须要有足够的耐心，等待这些因素发展壮大，等待你所预见的那些动因及条件的成熟。

规则要么是人定的，要么是自然的属性——千百年来，人定规则一直在指导着人们的关系和行为。比如，出于当时发展的需要，人们制定了十诫，并一直加以实施从未间断。然而，那些规则和法则常常遭到违反，而习俗与习惯却始终相对稳定。我们发现，一旦某一习惯养成，就很难改变。本章所提到的规则与法则是至关重要的——你应不失时机地将其发展成习惯。但是，你要学会，只有在符合时间因素及常识的情况下，你才可以使用这些规则和法则。

第1条法则 如果你初入股市，还没赚到任何利润——那么，不要急于用真正的货币进行交易，先采用一种想象的方法。在读完这本书之后，如果你觉得已经学到了足够的知识，可以开始进行实践了——要想向你自己证明，先来一次虚拟交易。在你的账本上记录你的每一笔买进情况（用钢笔而不是铅笔），就像你真的向你的经纪人下达了指令一样。别忘了，加上0.5个点的佣金和税费。在你觉着合适的时机，执行买进或卖出的交易——就像你在用真实的钱交易一样。既不要欺骗自己，也不要欺骗账本。"了解你自己，按你自己的本性去做……"

这样过了几个月后，查看一下你的资产负债表，看看你究竟做对了几次，错了几次。如果对的次数超过了错的次数（而不是挣了或者损失多少钱），那么就开始用钱去做交易吧——但刚开始时不要交易得太多，十股就够了。如果盈利了，你就会树立自信。此后，你就可以在自己财力许可的范围内，继续交易，并增加你的交易投入。

第2条法则 只有通过实践和研究，你才能学会如何交易。当然，就像我们每个人一样，在获得经验的过程中，你会犯下许多错误。因此，比如说，你在初进股市时有1万美元——那么你就一定要考虑到，你很可能会先损失一大部分，而后才能大赚一笔。因此，在学习股市交易时，你要尽量少花些学费。学会了如何通过交易而获利之后——这或许要花上好几年——你有的是时间去做一百股或是一千股的交易。不过，如果你一开始就交易一百股或一千股，那么等到你学会了如何交易之后，你的钱可能也就所剩无几了。如果你是个有心人，你从经验和实际现金交易中所学到的知识，将会超过你从本书或其他任何一本书中学到的。你所需要的就是实践，只有经过"考验"，"新手"才能成为"行家里手"。

起点要定得低一些，一边交易一边成长。你最好还是先在纸上进行交易，直到你获得"账面"利润——然后再用现金进行交易，学着"兑现"你的"纸上"利润。

第3条法则 不要持续交易低价股票，高价股票快速获利的几率更大。低价股票有时需要更大份额的投资——而高价股票的资金周转更快，是个更好的"伙伴"。低价股票的运动次数少，而且有着严格的"周期性"。高价股票的运动频繁，因此会为你带来更多的机会。

第4条法则 不要补充保证金账户。为什么蒙受了损失还要补进呢？（当然，最好根据你的资金情况进行交易——按比例买进）你必须承认，如果要你补充保证金账户，那么就说明你买进的股票"差劲"，或是你买进的时机不对。在接到补充保证金账户的通知之前，你就应当清理你手中的股票，然后重新开始，选择正确的时机，买进正确的股票。

（如果有人欠你钱，总是不还你——那么你还会借钱给他吗？）

第5条法则 如果你在股市上一直很"倒霉"（谁都会有这个时候）——不要在交易时想着要挽回你的损失。如果有一段时间你都不太走运——那么你最好先离开一阵，考虑一下是什么原因造成了你的损失。当你心情平静的时候，你就可以重新开始——但不要总想着挽回你的损失，要以获利为目标去交易。

第6条法则 如果糟糕的情况还在继续——如你手中的100股股票还在受损状态——那么，在下一次交易时，不要为弥补你先前的损失而草率地买进200或300股股票，因为这样你可能会遭受更大的损失。交易时，继续像你赔钱时那样选择100股股票。不要试图"报复"股市，如果带着这种想法，你永远也不可能成功。只在你成为"赢家"时增加交易量——而不是在你亏损时。否则，你会选择不当的时机，并继续蒙受损失。

第7条法则 不要用别人的钱进行交易——无论是经纪人的钱，还是从朋友那里借来的钱。不要用你做生意的钱来做股票交易，除非你在生意上有"可防不测"的储备资金。如果说股市交易让你感到心烦意乱，那么也不要去做。不要用你亏损不起的钱去做交易。在开始进行股票交易之前，一定要确保，你已经还清了所有的债务，家庭财务状况良好。

第8条法则 如果你犯了错误，不要灰心。最优秀的交易者也会犯错误，但你要从错误中汲取教训，避免再次犯下同样的错误。尽量找出犯错的深层次原因，而不要把希望寄托于"运气"之上。如果你认为是运气造成了股市上的波动——那么你永远也无法成为成功的交易者。

（我们都会犯错误——但只有傻瓜或弱智才会重复自己的错误。）

第9条法则 不要轻信任何看上去似乎"胜券在握"的交易。当你百分之百确定自己会盈利时——此时，你恰恰应该仔细审视一番，或许你不应该去做这笔交易。股市上可能会有很多让你吃惊的东西，但是却没有那种叫做"胜券在握"的东西。当你在"风险"中"投机"时，你就有资格获利，而一旦"风险"完全被（"胜券在握"）消除时——那么等待你的只能是损失，而不是利润（你也许会说，这个想法"太荒谬"了——但是，在股市上，"大众"觉得"正常"的东西是从来不会给你带来利润的，这一点是确定无疑的）。

第10条法则 如果你手中的股票有所下跌，不要试图去"均分"它。如果一支股票已经下跌，不要再去以更低的价格买进该股票。当你已经获利时——"均分"上涨的股票倒是个不错的主意。记住，你要均分的是利润，而不是损失。

第11条法则 在预期利润为所冒风险的4～5倍时，再开始进行交易。如果你认为某股票只会上涨两个点——那么就不要买进，因为在股市上，你很快就会丢掉这两个点。你要一直等待，直到你认为有8～10个点的上涨空间时再出手，这样你所冒的损失风险就只有两个点，风险比率是5比1。从理论上来说，这就意味着：你应当在中期趋势而不是次要趋势上进行交易（一定要在百分比的基础上，根据股票价格来计算这一公式）。

第12条法则 要有耐心，保持心态的稳定，不要急于求成。如果你预测到，你手中的股票将上涨好几个点——并且你确信自己的分析是正确的——那么就要耐心等待。可能在你以低价卖出股票的几天之后，甚至几分钟之后，你的预测就会成为现实。检测一个交易者是否优秀，就要看他在判断正确时有几分耐心。如果你有耐心，那么你在一次交易中只会犯一次错误（无论判断正确与否）。但如果你没有耐心，那么你就有可能在一次交易中蒙受多次"打击"。（在创世之初，如果仁慈的上帝没有耐心的话，那么恐怕现在的世界依然面目全非呢！）

第13条法则 不要让你的政治观点影响到你对股市的判断。你可能会同情弱者，同情"新政"、"受压迫者"、"劳工"以及其他"对象"——但这都只是你的"私"事，明智的做法是，客观地考虑总统的讲话，从而正确地去判断每一种可能性及其作用。如果从"社会、道德和宗教"的立场上看，某种观点可能是完全"正确"、甚至是"高尚"的，但如果从股市的角度看，这种观点却可能是百分之百错误的(如"摆脱贫困"和"处罚富人")。

要学会对你的股市交易进行专业化判断，不要让任何政治倾向干扰你的交易。你不可能同时骑上两匹马，如果你能的话——那么你就应该呆在马戏团(在罗马时，就要按罗马人的方式做事，他们抛弃了墨索里尼，是因为他的政治倾向影响了国民的福祉)。

第14条法则 你要遵循的一条原则就是，保证赢利与亏损股票在交易中的同等份额。例如，你完成了6笔股票交易，每笔100股的份额，其中4笔获利，2笔亏损——那么，在你账户的贷方栏上就会标明2笔获利的交易。你要将2笔亏损交易的损失降低到最小，这是至关重要的。例如，你在4笔交易中每笔各获利4个点，共有1600美元进账——那么，你在2笔亏损交易中的每笔亏损也不应超过400美元，这样你依然有800美元进账。

第15条法则 不要试图去榨取股票最后的一两个上涨点。如果说你已经获利颇丰，那么最好还是赶紧去兑现，以防股市会突然转向。当你觉着股市已经快上涨到顶峰时——此时明智的做法就是，与你的经纪人一起下止损指令，止损点要定得比上一次卖出价格稍低一些。如果股票继续上涨，你要相应地提升止损点，这样该股票得到了保护，你也会多获得一两个点的赢利。与此同时，你的账面利润也获得了保障。最好的做法是——大胆卖出你的股票。通常情况下，"止损"卖出就意味着更低的价格。

第16条法则 当你想卖股票而获利时，要在股票处于涨势时再卖。不要等到股票已经涨不动了，或者已经开始下跌了再卖——那时，你就不得不以更低价格卖出你的股票，要么直接卖掉，要么"动用"一份止损委托。

第17条法则 如果在股票价格反转时买进，最好以一个低于"市价"(而不是"市价")的规定价格下达订单(该价格应接近上一次的抗升点）。如果在市场上涨时买进——那么最好以"市价"买进——否则你可能得不到理想的价格，白白失去机会。

第18条法则 在处于涨势的市场上，最好的卖出时机是在出现最新的"大盘指示"时。在处于跌势的市场上，最新的"大盘指示"出现时则是补仓的最好时机。

第19条法则 同时做多头交易与空头交易并不好，最好的做法是只依据股市走向而进行交易。逆势交易与顺势交易所花的钱是一样多的，而顺势交易可以获得更好的机会。为什么还要玩把戏呢？只有那些高水平的"技术人员"，才可以一边"空头"交易（那些已完成自身运动的股票），一边"多头"交易（那些"滞延股"）而赢利。

第20条法则 不要根据股票的统计数字而进行交易。某股票的统计情况并不能成为用于评判该股票优劣的交易标准。重要的是现在——而不是过去的情况，统计数字只能说明"过去"。经济学是活生生的，统计数字只代表历史——是布满灰尘的文件。价格上涨是基于此刻的供求关系——基于未来的前景——而不是基于那些统计数字的，它们只是对过去情况的记录。经年累月，市场早在几个月或几年之前就已"折现"了那些数字。

第21条法则 进入股市时，千万不要想着用挣的钱去买特定的东西，比如说汽车、房子或是环球旅行。这样的"愿望可能会左右你的想法"，最终你会因自己的强烈"冲动"，在错误的时间进入股市。等到你在市场上赚到钱之后，再去买房子、汽车，或是环球旅行。实际上，这才是你"抓住"利润的最妥方法。但是，你也不能抱着这一想法进入股市。在市场需要一次交易的情况下再去交易——而不是因为它欠你一辆汽车或是一位妻子(的确，我曾去过这样一些国家，那里的"妻子"仍然可以从她的父亲那里"买来"——就像买一匹马或驴一样，而价钱取决于她能够为她的丈夫做些什么。如果她的丈夫做成了一笔好买卖，那他就再也不用干活了）。

第22条法则 找出那些在卖空时涨得最高的股票。"正是最高大的树木才难以推倒……"牛市中广受股民喜爱的股票，在熊市中往往跌得最狠。如果你卖空一支5美元的股票——那么你最多也就赚到500美元（即使该股票已经涨到了最高）。但是，如果你卖空的是一支50美元的股票，那么你就可以赚到5000美元（就算它最后跌到了一文不值）。

第23条法则 在一次熊市接近尾声或一次牛市伊始时，"随大众"去买进一些"便宜"的股票，这种做法是明智的，获利也会更多。当然，这种情况也不可能一成不变，"价值规律"是迟早都会起作用的。

第24条法则 绩优股在"除息"之后的几天内，就会因所支付的股息而挽回其损失。这确实是测试股票优劣的好方法。当然，如果股票没有任何反应，就说明其正处于常态。

第25条法则 在牛市中，交易低价的股票能够更快、更多地获利。用形象的比喻来说，跟行动迟缓的通用汽车股相比，克勒斯勒股活像一只蹦蹦跳跳的兔子。Nikel股、百事可乐股和联邦南部股等也都是不错的股票，获利也快。然而，华尔街并不是什么单行道，容易上涨的股票同样容易下跌。通过在"市场上"卖出Nikel股，你可以获得大约两个点的利润——而在"市场上"卖出通用股或美国钢铁股，通常只能给你带来0.125或0.25个点的利润（大约在1943年6月，我曾在市场调查中说过："Nikel股是支不错的股票，可以让人赚到20个点。"三周后，这句话变成了现实）。

第26条法则 由繁荣转向衰退的第一个标志就是，工厂机器、设备订单量的减少（重工业），而零售业往往是在最后才会感受到经济衰退的影响。实际上，在繁荣期鼎盛之时，由于人们手中有存款，工资也高，零售业的销量和利润可能甚至会有所增长。当零售业交易开始感受到压力，产品销量下降，人们又开始采用分期付款的购物方式——那么，离局面好转也就不远了（然而，在最近的"社会保障"、"摆脱贫困"等"新政"改革中，这一法则会发挥何种作用还有待于进一步证实）。

第27条法则 根据全国的商业总体形势，我们可以判断出，熊市即将结束，牛市即将到来。如果说"好久"都没见过股息了，许多企业因破产而受到接管，大批的工人失业，投资者正在清理他们手中的股票，从而恢复他们自己企业的经营资金——这表明，熊市已经进入了最后的阶段——大多数的"弱股"已经遭到淘汰——因此，"适者生存"的法则又开始发挥作用了。

第28条法则 面对不利消息，股票依然能够保持其价格不变，这也表明熊市即将结束。我们说："市场已经'折现'了一切。""富有"阶层手中积累了大量的股票，虽然他们正处于困境，但仍在继续积累股票，平静地等待着繁荣时期的到来。因此，从技术上讲，股票自然也就是强劲的。

第29条法则 如果要我提出一条主要法则，作为长期投资及其"时机"的指导方针，——那么我不会提出数百个"戒条"，而只是会提出实施成功投资所必需的一点——只在以下情况出现时买进股票：经济形势看上去最为萧条，几乎看不到一丝曙光之时——经纪人的办公室无人问津之时——金融广告难得一见，钢铁产量只占其生产能力的25%之时。简而言之，也就是当大众开始考虑并谈论，"接下来会发生什么呢？""是不是快到世界末日了？"这就是该买进股票的时候了——尤其在当你看到铁屑价格首次上涨之时。

打理生意时，不要过多地关注你手中的股票。最终当你被迫注意到，"每个人"都在市场上的时候——包括你的秘书和理发师——当钢铁、汽车及收音机的产量都已达到了新高之时——当

工人们要求少劳多酬(按进出工厂大门时间支付工资)的时候——当你无法按照自己的标准雇佣工人时，你只能是来者不拒，接受他们的条件——当带有"招聘启示"字眼的广告消失、取而代之以"需求帮助"时，你就该卖掉长线股票，然后悠闲地坐下来等待"历史重现"。

第30条法则 当一次牛市持续了几年之后，你要关注的第一个征兆就是，债券价格指数的逐渐下跌。银行、信托投资公司及其他大投资商将其大量资金投在了债券上。接受"内部人士"的观点总是明智的——不断抛售手中的债券，这会导致其价格的下跌。该现象说明，那些"好"人认为价格顶峰已经形成。你还会注意到，报纸上充斥着有关繁荣的谈话，而且每个人都想通过买证券而"快速致富"——汽车消费已达到最高峰——你要等着销售商给你发货——高价汽车的销售量比例有所上升——经纪人的贷款额很高——你要提前很长时间订货，有时还要花高价。

这些都是繁荣顶峰的标志。如果伴随着债券价格下跌的现象，就表明股市已经到达顶峰，股价很快就会下跌，经济萧条期马上就要降临。这也许要在6~8个月之后才会发生——但股市会提前"知道"这一点，并会根据其未来收益调整股票份额。股价的下跌会导致商品价格的下跌，然后经济衰退便会随之而来。

第31条法则 在一次熊市即将结束之时——你要注意债券的价格。如果债券价格上涨，就表明"好"人已经开始投资于股市。为了安全起见，他们会先投资于债券。如果你观察到债券价格大幅上升，并伴有下列现象时，你就可以投资股市了。通常情况下，这些现象与牛市中所发生的现象恰恰相反。

报纸上的论调一片阴暗——经纪人的办公室无人问津——谁都觉着股票是一堆废纸——人们认为股票价格会继续下跌(甚至会变得一文不值)——你会注意到，股市一连几周甚至几个月都是一潭死水。的确，人们不想卖出股票——但他们也不会买进。有价证券已经被经纪人卖了个一干二净，股票只是在持股人手中默默不动。你会注意到，那些已连续下跌了8～10个月的交易指标及指数突然稳定下来，不涨也不跌。在某些工业领域，生产水平甚至有所回升，铁屑价格可能每吨已经涨了50美分。你会在你的图表上注意到，股价已经形成了"谷底"或"双层底"——不再继续下跌。有些经纪人停止交易了——有些则合并了。经纪人的贷款量达到了最小限度，政府变得焦虑不安，政客们开始"利用一切手段来帮助经济复苏"。

这时，你就该买进股票。商品价格随后会出现小幅上涨，总体经济形势会在6～10个月内有所改善，或者会改善得更快。市场正在折现预期收益的良好前景，股票价格将会有所上涨。

第32条法则 在市场上，不要抱着"快速致富"的心态进行交易——也不要受影响于那些金融巨头的自传及其在市场上"赚到的"的巨大财富。在当前受控于证券交易所的股市上，很多这样的"故事"是"行不通"的。而且，由于某些证券的税率高达82%或93%——以及使每一个"以上帝形象"出生的人"摆脱贫困"的计划——你获得"财富"的最好机会就是去摆个报摊——就跟你想看到"真正牛仔"的机会不是在西部牧场——而是在电影中。

在市场上赚钱的方法跟盖房子的方法一样——要一块砖摞一块砖——浇上灰泥砂浆对砖进行加固。保持利润的最好方法就是：(1)清偿你的债务；(2)购买你期待已久的东西，无论是栋房子，还是个图书馆，或者是一次"旅行"。谁也不能把这些东西从你身边夺走——在身处困境时，千万不要只为到股市上"玩玩"而卖掉你的房子。

除非运用得当，否则钱不具有任何价值。钱能给人带来的最大乐趣莫过于，钱花的适得其所。当然，我们所说的适得其所，也包括用在你自己身上。人生充满乐趣，在各种领域中生活了多年之后，我认为生活最大的乐趣莫过于从事创造性的工作，比如写这本书和我的周刊《市场调查》。充满乐趣的工作、真心"付出"而非"索取"的努力，自然会为你带来金钱。

因此，在市场上交易是为了生活得更舒服，是为了让你在还能"参与"时去参与世界所提供的各项有益活动。如果你感到交易烦扰了你，让你心神不安，甚至"无法入睡"——那就听取我的建议——停止交易，"去睡觉吧"。不要为满足金钱的欲望而失去了健康，因为用钱是买不来健康的——没有健康，就没有任何幸福可言。

1. 判断股市是处于熊市还是牛市，然后决定交易的趋势是主要、中期还是次要的。要顺势交易！

2. 判断哪组股票是最强劲的。在涨势中交易强劲的那组股票，在跌势中交易疲软的那组股票。

3. 在最强劲的那组股票中选择最强劲的那支股票，在最疲软的那组股票中选择最疲软的那支股票。在涨势中交易最强劲的股票，在跌势中交易最疲软的股票。

4. 买进只选择在股票价格出现反转之时，而不是上涨之时。卖空要选择股价上涨之时，而不是股价下跌之时。

5. 交易时，（如果你不看大盘）无论是在思想上还是在实际中，一定要下达两三个点的止损委托。要时刻防范可能发生的损失！要在局势不利的情况下抛售。

6. 要用止损委托来保护你的利润。在股市上扬的时候，让你的利润也随之上涨，持股等待更大的获利！

7. 要毫不迟疑地获取你的利润；你或许能够以更低的价格再次买进同一支股票。当你认为市场到了反转之时，卖出你手中的股票。

智慧建成房屋，凿成七根柱子。

——《圣经》箴言 ——

股往金来

怎样在市场上
赚到钱

　　我已经从理论、技术和心理的角度讲了很多，当然我还可以再写很多页，介绍一下预测价格的其他方法和体系，但我感觉这样做除了让我们感到更迷惑之外，根本无助于理解我们所讲过的内容。

　　坦白说，我根本就不想让你浪费时间，去画些用处很小或根本没用、也不能产生利润的市场变化图。因此，在这一总结章节中，我将谈一些有实用性、基础性的东西。如果能够吃透这些内容，你将受益颇深。

　　我也不想把我在国外工作时所用过的预测市场变化的方法统统都谈一遍。大多数方法都是我自己创造出来的，这些方法是我作为专业人士的"绩优股"。有些方法需要图表分析师、一台计算器和其他仪器的辅助，这些条件显然不是一般交易者所能具备的。

　　这本书的目的不是把你培养成专业人士，而是为了让你获利更多。如果一个人想成为专业人士，他就要把大部分时间花在市场研究之上。我这样说，可不是指一天研究几个小时就行了。如果一个人想让市场按他的要求放弃自身的"一切"，那么他就得做全职工作了，而且是去做那种相当耗费时间和精力的工作（可是，如果你愿意，你可以写信给我，如果时间条件允许，我也会给你回复的）。

　　这本书旨在通过给你讲述交易的基本要求，以便于让你获利，便于帮助新手处理障碍。从这个角度来看，我认为应该告诉你，与过去相比，大事件和市场变化之间的关联已变得更为紧密。并且，现在影响市场的因素更为复杂，种类也更为繁多。

要想更好地对市场进行预测，你就要做到：

1．看清美国的政局变化；

2．看清国际政治形势，任何电台或报纸的政治评论员都不能向你"灌输"什么。

3．成为一个一流的经济学家，通晓本国和世界上其他国家的经济状况。

4．要有更多的心理学知识，更能理解并同情人类。

5．能够透过市场表面，看到其背后的东西。

6．能够提前数月或数年在心中"书写"新闻标题。

对于交易者而言，他能否在市场上获得成功，很大程度上取决于他的个人特点。"找对人"对股市、销售商及生产商来说同等重要。许多成功的企业家和商人都认为，自己之所以能够成功，是因为他们善于用人。一个企业家或商人要开始一个新的项目，其成功与否完全取决于，他能否为自己的工厂或店铺找到合适的负责人——合适的销售经理和广告人。如果各个部门人员安排得合理，他的企业就一定会获得成功，当然我们在这里先假定他有足够的资金，对他的项目进行投资。

在市场上，你必须要成为合适的人。如果你不是，那么你获利的机会将微乎其微。多年来，由于工作的原因，我接触到了许多交易者，他们或者给我写过信，或者来过我的办公室。他们中间有些人总是在不停地抱怨，当然，他们总是从别人身上找原因，要么是经纪人，要么就是曾经给过他们建议的那些人。他们会说："我怎么老是犯错误呢？"但事实上，他们之所以会犯错误，完全是因为他们自己有问题，他们并不适合进行市场交易。他们所做的交易实际上违背了市场规律，违背了他们自己，违背了他们自己的判断。

"通往天堂的路"有很多条。同样，在市场上，我们也可以说，蒙受损失的路也有很多条，但赚钱的路只有一条。数以千计的人迫使你蒙受损失，但没有一个人会"迫使"你赚钱。

我跟许多客户打过交道，也曾听过他们的故事，但我无一例外地发现，一个人在交易时的最大障碍就是他自己。我指的主要是性格，而不是受教育状况。后者完全可以通过看书、学习和观察等途径获得。这本书和你所读过的各种市场文献都会反复提到，一般的交易者会面对两个敌人：恐惧和希望。他们还有另外一个"玩伴"——贪欲。当然，希望本身并没什么错。实际上，有希望是一件好事，只有那些眼光长远，对未来充满希望，渴望获得更多、更美好事物的人才能获得成功。

如果一个人心中没有希望，也不想提高自己，那么他肯定是不会取得任何进步的，这一点毋庸置疑。实际上，我们都欣赏充满希望、有抱负、有主动性、勇敢这些品德。但是，问题也恰恰出在这里。通常情况下，"希望先生"的身旁会有各种肤色的助手，这些家伙鬼鬼祟祟地伴随在他左右。如果一个年轻人为了娶到令他神魂颠倒的女子，而从此便有了雄心壮志，这自然是值得高度赞扬的事。但是，如果为了娶到这个女子，我们年轻的罗密欧编造了一屋子的谎话，最终这个女子也答应了，那么这只能算作是另外一回事。他尽管表面上"赢"了，但实际上已经"输"了。

如果一个人希望在市场上赚钱，为了实现这一目标，他还做了很多准备：如让自己熟悉市场变化；寻求正确的建议和指引；尽量学习一切关于市场变化的知识；分析隐藏在变化之后的原因，总之，他愿意为获得知识而付出时间和金钱，那么这个人就会获得成功。显然，他要感谢"希望先生"，因为正是"希望先生"给了他实现抱负的工具。

但是，如果他渴望像赌马一样去押宝"赢钱"，那他就只是看到了现在的情况而忽略了过去，他会认为只要买了股票，并"希望"股价涨上去，就可以挣钱，那么就是另外一回事了。

关于"希望先生"的这些话，同样也适用于"恐惧先生"。如果一个交易者能够明白，形势在任何时刻都可能会变得对他不利，如果他能认识到自己无法控制市场变化，所以来来去去都要保护他自己，这也是值得赞扬的。如果一个人在走进狮笼时能够意识到自己身处险境，那么他就不会输掉这场战斗。由于充分意识到了危险的存在，他就会做好准备，采用最有效的手段战胜狮子。

另一方面，如果进入狮笼的斗士仅仅寄希望于狮子老了，牙齿已经掉光了，那么当他乍见到这只巨兽，心里就会充满恐惧。那么，这场战斗还没有打响，他就已经失败了。如果因害怕某事发生而能预先采取措施保护自己，这就是一种美德。如果你能预计到最坏的结果，你就不会失败。如果你已经为最坏的结果做好了准备，那么就不会发生什么让你惊奇的事情。

*

在实践中，这些如何起作用呢？如果你还没计划你的"希望"，那么你最好把希望建立在计划的基础上。出生时嘴里含着银勺子的人，或出身富贵的人，他们很少会去思考，因此也就容易失去所拥有的财富。另一方面，如果你认识到自己什么都没有，世界什么也不欠你的，想挣钱你只能通过自己的努力，那么即使你明知道可能会失败，你还是会进入市场（当然，你也可能会做些别的事）。你会问自己：在什么情况下我会蒙受损失？我是否在用高额的保证金进行交易，保证金的数额是否足够大，经纪人会不会在市场变化对我不利时强制卖出？由于"贪欲先生"，我是不是应该孤注一掷，甚至动用大量的保证金？为了获得利润（我希望能获得的东西），我是否应该冒险押上所有的钱，甚至不惜借更多的钱？

如果你有胆识，并且能够经受住这些诱惑，那么你实际上就已经消灭了交易者所遇到的两个恶魔：希望和贪欲。

现在，我们必须要去对付的小恶魔就是"恐惧先生"了。我们想想用什么办法，可以在交易中把它消灭。我已经确保自己无所恐惧，甚至于不恐惧恐惧自身。我没有把自己所有的资金都押在一支股票上，我也没有向经纪人借钱，我已经在我买进的价格上设置了止损委托。即使发生了最糟的事情，也只不过是损失200到300美元而已。这只是我资金的百分之五，根本就不会构成什么灾难。

*

我无所畏惧，睡得很香，耐心地等待我的股票上涨。我不指望用这五支股票赚大钱。如果能赚取20%的净利润，我就会感到非常满意。不过，说真的，我也想赚到更多。但是，如果我那样做了，就会招来"希望先生"，也许还会招来他的伙伴"贪欲先生"。我不相信什么"快速致富"，因此我会保守地进行交易，一块砖一块砖地慢慢垒起来。如果我能够让我的资金每年增长30%到40%，那么到了第三年年底，总额将增长到100%。这对我来说足够了。

贪欲和希望说你三年能够挣1000%，甚至可能是10000%，但是这时，"常识先生"就出场了。他可是个明智的家伙，你应该找他给你做伴。他的论点大致如下：如果每个交易者都可以很容易地挣到1000%或10000%，那为什么市场上90%的交易者都会赔钱？这应该能够证明，挣钱并不像"希望先生"和"贪欲先生"所说的那样容易。并且，90%的交易者赔钱、而不是挣钱也证明，市场上决定赚赔的因素远不止"运气"、"希望"和"贪欲"这几位"先生"。然而，通过学习，我做好了准备，成为了市场中赚取大量利润的10%人群中的一员。

脑子里只有这些概念还不够，你还得给自己灌输一些准则："我在交易时最好保守些，边交易边学习，边学习边交易。如果我出错了，最多只会损失3%到5%，但我可以再损失3%到5%。跟一股脑地全部押上相比，这似乎是个不错的计划。"

交易的另一个敌人是"过度先生"。用市场行话来说，就是"交易过度"，他是"贪欲先生"的近亲。当你用保证金交易时，你就已经交易过度了；当你无论何时都在市场上时，你就已经交易过度了；当你把所有资金都投在一支股票上时，你就投资过度了；当你像只兔子一直蹦跳，时而"跳进"时而"跳出"市场时，你就已经交易过度了。

*

在这最后一章中，我想告诉你市场上取得成功所必需的一些因素。市场上需要交易者掌握的知识是没有穷尽的。如果我像猫一样有九条命，能够每天抽出二十个小时来研究市场，那么我可以说我是在分析市场。纽约证券交易所每天都要发行1000多支股票。包括商品在内（每一种都有自己的故事，都需要人们去研究），研究这些东西要花的时间是没有止境的。我每天仅研究225支股票，基本上还有时间研究其他的股票。但是，要想研究所有

的股票，这根本就不可能做到。再说一次，最好还是别让"贪欲先生"支配你。你最好多注意前二十支比较活跃的热门股票（尽管你可能会因此而失去交易其它股票的机会），而不是只匆匆地浏览一下这几百支股票。因此，不要因为听说某一支股票上涨了，自己却一无所知就感觉不舒服。这也是贪欲，对交易者是没有好处的。如果你能从中选出两三支股票好好观察，你就一定会获得好机会。

就市场道德和心理而言，我认为，按照下列方法来做，你将会受益匪浅。

不要花太多的时间去饶有兴致地观看大盘，炒股与棒球比赛、戏剧演出或赛马的差异是相当大的。与在剧院看戏或棒球场看球不同，炒股的危险在于你本身就是剧中人，要么是喜剧，要么是悲剧。如果你还想要更多的证明，让我来给你讲几点秘密。你是不是认为我总是在想股票？你错了，我们办公室中没有这样的"怪物"。我们用的办法，你当然也可以用：让经纪人每隔一小时就给你汇报一次道琼斯平均指数，并且告诉你每小时的成交量，你所需要了解的也就是这些内容。

我们会在股市停盘时开始分析。这时，我们的统计人员就会忙着制图，并公布各种股票的价格变动情况、类别、成交量和交易特征等等。股市会在芝加哥时间下午两点停盘。4点时，当天股市变化的所有情况就已跃然纸上了，这时我们所能看到的就只是事实，就可以平静地、不偏不倚地进行分析了。

我的意思是，没有必要每时每刻都盯着市场。最重要的是，如果你"感觉"你得那样做（看你的股票怎么样了），那就是你的潜意识在告诉你，买的时候出了点问题。这就是潜意识要传达给你的信息。如果你对自己所持的股票深信不疑——在恰当时间以合理价格买进，在这一天当中就不要担心会发生什么事情（一个男人如果每天都要给家中的妻子打十次电话，看她在做些什么，那他最好找一个能让他放心的妻子，反过来也是一样。）

市场上，事情不会无缘无故发生。只有能够充分了解市场变化的人，才能够正确地预测明天，了解接下来几周甚至几个月会发生什么事。他知道市场不会无缘无故就弃他而去，如果偶尔发生了这样的事，他相信自己很快就可以赶上。

我想说的就是：只有意识到自己肝或肾不好的人，才会一直想着这两个器官，而我和你就不会这么做。甚至由于这些器官很少打搅我，我很难相信它们的存在。

除非你深信自己所做的是正确的，否则你就不可能成为成功的交易者。只有这样，市场才不可能从你身边溜走。只有当你交易时出现错误的情况下，这种事情才可能发生，但这就是需要我们去研究的地方了。

为什么我反对你和其他交易者交换意见呢？为什么我会多次强调这一点呢？

股市同行中，经纪人的道德级别是最高的。他有可能提出合理的建议。但是，看盘时跟一些其他"客户"交谈，你可能会让他们"牵着鼻子走"，毕竟人是社会性动物。

不管怎么说，我们都很擅长模仿，自然也就容易受周围事物的影响。问任何一个经纪人，他都会很坦率地告诉你，真正能够赚钱的交易者(及其最好的客户)决不是那些在他的办公室里把"凳子暖热"的人。因此，他也不指望这类人成为常客。当这些人屁股上的布都磨破时，他们的钱也全都无一例外地打了水漂。这时就会有新的"笨蛋"来顶替他们的位置。

我更愿意看到你心态平稳地进行交易。由于缺乏意思明确的恰当术语，我们暂且称之为"科学交易"。人们在交易时总是太过冲动，你总想跟着董事会办公室里坐在你旁边的人走，当时他从

"热凳子"上一跃而下，立马买进了10支股票。不要借交流观点跟他套近乎，你应该对他的行为有一个清晰的认识。

我几乎从不迷信什么。我无所畏惧，甚至包括鬼魂和我岳母（要想让她不打扰我可真是不容易）。但是，根据经验，我确实发现了一些神秘的力量。如果你发现自己再买进时犯了错误，并且也没人知道你犯错了，你就会很快改正，那么你只会蒙受轻微的损失或是不赚不赔。但是，如果你一旦让别人知道了你买的是什么股票，那么你就会觉着自己有义务买对股票。不要让你的朋友知道你犯了错误，知道了会对你不利，他会觉着你不聪明，你也可能会一直游走于希望之间，希望向你的朋友证明你是正确的。

但是，如果你不告诉任何人，只有你自己知道，你的错误很快就可以得到纠正。并且，你的自尊心也不会受到伤害。假如别人不知道，不管我们有多坏多傻，我们都不会为自己所做的事情而感到羞愧。据说，罪行一开始是以"被抓了现行"为条件的。只要你不结交董事会的朋友，你就能做到自己的交易自己去做，这样从心理角度来说，你在做决定时，也就不会有人干扰你。

关于为什么我不想让你与董事会的"替补队员"讨论，还有另外一个原因。理论上说，购进股票之后，价格稍微下跌并没有什么不正常的，这个原因我们在前边也已经讨论过。如果你以55美元买进了美国钢铁股，你可能已经预测到，该股票一两天后会涨到57美元；你也不担心它会跌到50美元，因为你已经给经纪人下达了指令，要求在股票跌至52.125美元涨至66美元时卖出。从你发出指令到你收到经纪人的账单，你的钢铁公司股已经以66或52.125美元的止损价格卖出，你确实也没有什么可担心的了。

买进的时候，你就已经预测到，交易有可能会损失300美元，你也已经用比买进低了三点的止损委托证明了这一点。你最关心的不是股票价格跌了多少，而是要涨多少。关于这一点，你会在晚报上找到答案。大盘上的波动除了会让你紧张之外，对你没有任何好处。

我们来最后分析一下大盘有什么用处。你以55美元买进，大盘显示，股票已经跌到了53美元。这只会对你有一种影响："我已经损失了200美元，为什么还要多损失100美元呢？"于是你卖出了股票。令你沮丧的是，你才卖出去5分钟，就发现股票上涨了一两个点甚至更多。没有人明白这一两个上涨或下跌点究竟是怎么回事，不要试图去利用这一两个点赚钱。如果晚上看一下报纸，而不是一天盯着大盘，你就会对股票的变动情况有更为清晰的把握。最重要的是，这样你就会驾轻就熟，不会再浪费时间"作壁上观"。这样，在你的股票涨到66美元之前，你也就免了焦虑之苦。

*

如果有人要问，是什么原因造就了成功交易（在前面的章节中，我已经讲述了长期投资要遵从的法则），我的回答会是：正确理解市场动向。我并不是说，只有吃过了才能证明"布丁"的存在。我们不能说，股市上赚钱的人就有正确的看法，同样也不能说没有赚钱的人的观点就不正确。实际上，一个在股市上赚了钱的人之所以不能算是一个优秀的交易者，是因为他没有证明自己可以继续赚钱。

同样，我也不会说，一个股市上蒙受了损失的人就一定是个差劲的交易者。当其他条件都一样时，对于蒙受损失者和赚钱者，我对前者更有信心。股市法则对于两者所起的作用是一样的。赚钱者最有可能失去自己所赚的钱，而蒙受损失者则有可能再赚回一些钱来（你可能还会想起，耶稣曾经说过，"下边的有可能会升上来"，反之亦然）。如果一个人没有对市场做过研究，不具备交易的基本知识，但他却赚了钱，那么他就会过度自信。这种过度乐观的心态就会转而控制他，把他拖下马。然而，蒙受损失者则会陷入深思，认真考虑自己为什么会赔钱。如果他足够明智，他还会继续考虑，自己为什么会犯错误，在什么地方犯错了。就这样，他迟早还会成为成功的交易者。

有些观点是非常正确的，我们还是应先从基础做起。与一些精品理论性观点相比，基础知识则更为重要一些。并且，除非一个人对常识性基础原则的把握已经到了"第二天性"的地步，否则他是不可能在"精品艺术"上取得较大进步的。基础原则中有一条就是，买进之后，股票最终还是要卖掉的。根据我个人的经验和观察，有很多损失就是因为持股时间太长而造成的。有太多的准交易者买进股票（大都是在恰当的时候），却"忘"了购买的目的是为了"获利"，而只有卖出才能获利。

如果交易者能够认识到，股票价格是在不断上下波动的，他就应该在股票价格到达一定点时卖出，比如在能够赚到20%利润时。华尔街有句名言："赚取利润的人永远不会破产。"这句话充满智慧，你也应按其行事。

*

你曾多次听说"谷底买进、顶峰卖出"。当然，这只是个梦想，就像其他梦想一样，很少能够实现。只有优秀的技术人员和专业人士才能够偶尔做到这一点。在大多数情况下，人们都不可能做到恰好就在谷底买进顶峰卖出。一个人最好还是在谷底和顶峰附近寻找机会，从技术上来说，要想做到这一点，你就需要"顺应趋势"。

换句话来说，要顺应、而不是违背股票的变化趋势。从实际角度看，"顺应趋势"要比"谷底买进"容易得多。你不可能从股票变化上获得任何有用信号，帮助你实现恰好在谷底买进的梦想。相反，当股票已经跌到谷底时，到处一派死寂、荒凉，似乎还有继续跌下去的可能。另一方面，"顺应趋势"就要容易得多。如果你注意到，图表中股票的变化趋势开始上扬，那么你就应跟上去，直到这种趋势停止为止。这时，赶紧兑现获利。在这里，让我来告诉你两个字——"获利"。记住，成功的本质就是"获利"。

记住这条原则：购买股票的首要目的就是卖掉以获得利润。如果交易者能把这条原则当做首要的交易原则，那么股票上涨时，他就会"被迫"获利。仅这一条原则，就能够消除一个人交易时所遇到的大部分麻烦，也就是忘了获利的麻烦。

如果一个人因"贪欲"而没有及时获利，那么股票就会"返航"下跌。到时候，交易者就会面临两个选择：(1)只要价格达到买进价格就卖出，不赚不赔。(2)等待股票重新涨上去。无论是哪一种选择，交易者都会一连好几个月无法获利。有些利润总比没有利润（或蒙受损失）强。

股票都有自己的周期表。有些股票的周期会是一个月，而有些则会长达一年。在持股不卖的过程中，这些机会有时就消失了，因此还是赶紧兑现获利。

*

这样，技术分析领域中最为重要的东西——图表，便应运而生。任何一个人，如果他告诉你，他曾在数年时间内持续获利，你都可以想当然地认为，他很好地利用了图表。确实，在有些时期，任何人只要买了股票，就都能够赚钱。出现这种情况的条件很简单，那就是持续数年的市场繁荣（就像我们在过去十年里所遇到的情况）。你可能已经对此现象有所耳闻，一些交易者对市场技术一无所知，却能在市场上赚钱。然而，这只是一时的现象。比如从1929年到1932年，他们中间大部分人就没有了利润，甚至陷入了绝境。每次发生经济危机时，这种现象都会重复出现。

因为有了相关原则，所以图表对你应该非常重要。一般情况下，你会因下列四个原因而买进股票：

（1）有人向你透漏"小道消息"，告诉你该买什么。

（2）你注意到市场上扬，或者看报纸注意到那天的股票上涨了多少，因此决定进入市场。

（3）从技术的角度出发，你根据自己的图表做出判断：应该买进了。

（4）图表显示：整个市场，正如道琼斯平均指数（或者其他平均指数）显示的那样，到了应该买进的时候了。

就（1）和（2）而言，你会发现，有时交易者会赚钱，但随后还是会赔钱。尤其是，他会拥有很多账面利润（如果发牌器或赛马根本不会输钱，这些活动就无法吸引客人。所有的赌博，无论是蒙特·卡罗还是宾格，都会"输"些，当然只是有时候）。你会在董事会办公室里遇到这样的人，他会给你讲述他的"运气"。他所有的股票都上涨了7到9个点，他已经有了2万美元（大部分都是账面利润），但他却一直持股不卖，想等到每支股票都上涨10个点。为什么是10个点？因为世界上很多东西的数目都是以10出现的——10个手指、10个脚趾、十诫等等。但就在他等候的过程中，股票开始下跌，他却还是希望能够涨回来，但这并没有发生。

从这个例子中，你会发现，这个交易者根本不知道，是什么经济及政治因素造成了股票价格的变化。通常情况下，无论是从经济还是政治的角度上说，他已经在正确的时间购进了股票，但他却忽视了这些基本因素，因此就无法获利，甚至赔上一大部分本金。

就（3）和（4）而言，你会发现，这些交易者明白整个股市上所有的股票都一直在变化，有时上涨，有时下跌。由于明白了这一点，他们为了一直赚钱，在股票完成下跌过程时买进，在股票完成上涨时卖出。他们也清楚，政治和经济状况开始恶化的时候，就是买进股票的好时机，而这些情况得到改善的时候，就是该卖出股票的时候。这些交易者会用止损委托保护他们的利润。当他们认为无法得到整块面包时，半块也行。这些交易者的资金每年都在增长。

不要认为那些图表分析师、经济学家和政治分析师什么时候都是正确的，我们也会犯错误。但是，当发现分析出错时，我们会用止损委托或调整方向的手段来保护自己。我们遵循市场规律，而不是把我们的意志强加于它。

任何时候，对相同政治及经济形势的理解都不可能只有一种。通常情况下，有能力的经济学家和政治分析师的分析都会有所不同。最终，这也就造就了市场。一些有购买能力的人认为政治和经济形势对他们有利，所以会购买股票。另外一些有影响力的购买者则持相反观点，他们不能确定哪一种分析是正确的，于是为了保护自己，他们就会卖掉股票或退出市场。购买者的行为会引发股市上涨，而另外一部分人的犹豫不决则会造成股市下跌。这场战争无休无止。在特定的时候，当政治和经济事件发展到一定程度时，其中一些人就会改变自己的观点。这样，或者是买主开始卖出，或者是卖主开始买进。

*

你自己的情绪就能测试你是否是一个优秀的交易者。那么，这些情绪是指什么呢？当市场急速上扬的时候，你是否老想着买？当市场上"卖声一片"时，你是否想卖空？如果你这样做了，那么你就还没达到可以平静交易的水平。但是，如果当你看到价格上涨，你的第一冲动就是获利，而如果价格急剧下跌，你就有买进的冲动，那么你就已经掌握了最重要的原则，你就已经能在"撒旦"游戏中痛击那个大魔头。

显然，我这里说的，并不是要你只要看到市场下跌就买进。随着你交易水平的日益提高，你就能够逐渐区分出，什么时候该买，什么时候该卖。有时，你应该买进。这样的信号通常意味着小波动或大波动的开始，你当然不应该忽视这些信号。然而，这并不是说，在价格上涨时卖出或卖空就不重要(允许有例外)，同样也不能说，市场下跌时买进或空头补进就不重要。股市下跌时，在大多数情况下，当市场形成清盘，还没有上涨之前，你要多花点时间研究研究。然而，如果在上涨的情况下，那就是另外一回事了。你最好趁市场还"热"时获利，因为那时你手中股票的价格正高。

如果你表现出了上述的冲动行为(而不是相反)，那你就可以恭喜你自己：你不在股市"笨蛋"的名单上。这些冲动行为没能在把股票扔给大众时"捎你一程"，它们把股票卖给大众的时候，你也在卖。由于你比他们先行一步，他们也同样无法用价格下跌来恐吓你，让你把股票卖出去。这个时候，你就已经把多头股票卖出去了，转而投向空头交易，每一次下跌都会使你获利。

为了把这种情况保持下去，为了在股市交易中取得成功，再把这本书读几遍。那么，你肯定每次都会发现新东西，每次都会有不同的收获，这就像在你与自己心仪的女人接触的过程中，你每次都会有不同的感受。

通过观察、实践和经历，"时间"将逐渐向你揭示股市交易中的种种秘密。随着时间的推移，智慧将"凿成七根柱子"，从那时起，你就肯定能够成功。

子路曰："子行三军，则谁与？"

子曰："暴虎冯河，死而无悔者，吾不与也。

必也临事而惧。好谋而成者也。"

—— 中国儒家经典 ——

附 言：

　　不好意思，本书到此就结束了。3个月来，除了正常的工作，我一直都在写这本书。我是在我印第安纳的小屋里完成这本书的，那里环境幽雅、气候宜人，我还可以在搁笔闲暇时，眺望密歇根湖。现在，我生平的一大乐事——做一项创造性的工作，应可暂时告一段落。

　　这本书同我做过的许多演讲一样，都是为了让我的客户们更好地了解市场变化，这样他们在读我主编的周报《市场调查》时，就能够更好地理解我的意思。

　　如蒙您来信告知意见，将不胜感激。尤其欢迎大家多多批评指正，以便再版时有所改进。